Gerosa · Das karge Leben

D1856864

rosenheimer raritäten

KLAUS GEROSA

# Das karge Leben

Vom harten Los
der Bergbauern in Südtirol

Fünfundzwanzig Jahre
Stille Hilfe für Südtirol e. V.

rosenheimer

Ohne die tatkräftige Mithilfe meiner Mitarbeiter
Bernhard Michalowski,
Gerhard Theato
und Eric Tintrup
beim Erstellen des Manuskripts
wäre dieses Buch nicht rechtzeitig
fertiggestellt worden. Ich möchte ihnen
sehr herzlich danken.

# Inhalt

# Geleitwort zum 25jährigen Bestehen der »Stillen Hilfe für Südtirol« vom Landeshauptmann von Südtirol

Dr. Silvius Magnago

Das 25jährige Bestehen der »Stillen Hilfe für Südtirol« ist einmal Anlaß zu einem Dank für die tatkräftige Verbundenheit mit uns Südtirolern. Die Leistungen, die von diesem Verein in den zurückliegenden zweieinhalb Jahrzehnten für die Erhaltung unserer Volksgruppe in materieller und ideeller Hinsicht erbracht worden sind, sprechen für sich. Worte der Anerkennung und Würdigung können diesen Leistungen nur schwer gerecht werden; ich beschränke mich deshalb auf ein aufrichtiges, schlichtes Vergelt's Gott, und dies auch im Namen der Südtiroler Landsleute.

In dieser Dokumentation sind die großen materiellen Leistungen, die von der »Stillen Hilfe« für unser Land erbracht worden sind, aufgezeichnet. Nicht in Worte und Zahlen kleiden lassen sich aber die Solidarität, die Treue und die Freundschaft, die in diesen Jahren von den Freunden und Förderern der »Stillen Hilfe« Land und Leuten an Etsch, Eisack und Rienz zuteil geworden sind. Diese freundschaftliche Verbundenheit und Solidarität haben uns in schwieriger Zeit Mut und Kraft gegeben, sie sind für uns in Zukunft aber genauso wichtig wie sie es in der Vergangenheit waren.

Es hat sich in Südtirol in wirtschaftlicher und sozialer Hinsicht sicherlich vieles zum Besseren gewendet. Geblieben ist aber die natürliche Angst, die jeder sprachlichen Minderheit innewohnt, welche ihre Eigenständigkeit erhalten will – nämlich die

*Silvius Magnago*

Angst vor einer kulturellen und sprachlichen Assimilierung. Gerade deshalb müssen wir alles daransetzen, um durch geeignete schulische und kulturelle Einrichtungen unsere Identität zu wahren, besonders aber unserer heranwachsenden Jugend eine gediegene schulische und berufliche Ausbildung zukommen zu lassen. Wir brauchen somit auch in Zukunft Freunde und Helfer in unserem Bestreben, unsere Eigenart, unsere Kultur und Sprache zu erhalten. Wir brauchen Verbündete, die uns mit Wohlwollen und mit ihrer Freundschaft dazu Mut und Ansporn geben.

Die »Stille Hilfe für Südtirol« war uns in all den Jahren eine kräftige Stütze, möge sie es auch in der Zukunft sein!

Dr. Silvius Magnago

Landeshauptmann von Südtirol

600 Lire
Der Volksbote
Organ der Südtiroler Volkspartei
Donnerstag, den 8. Oktober 1987
67. Jahrgang
Nr. 41
das Wochenblatt aus Südtirol für Südtirol
Wer über das Geschehen in Politik, Wirtschaft Sozialem, über Kirche und Gesellschaft in Südtirol Woche für Woche lückenlos informiert sein will, der liest den „Volksboten".
Der „Volksbote" bietet viel Information für wenig Geld und ist darüber hinaus ein guter und sicherer Draht zu Südtirol.
Informieren Sie sich...
Wer über Südtirol umfassend Bescheid wissen will, abonniert jetzt den „Volksboten"
Abo-Preise 1988
Südtirol und Italien 31.000 Lire
Ausland 31.000 + 22.100 Lire (Porto) = 53.100 Lire
Ausschneiden und einsenden an:
Athesia, Zeitungsverwaltung, Museumstraße 42, I-39100 Bozen
Ja, ich nütze sämtliche Vorteile und bestelle ein „Volksboten"-Abo für 1988 an folgende Adresse
Vorname, Zuname
Straße, Hausnummer
PLZ, Wohnort
Unterschrift
Volksbote · Volksbote · Volksbote

# 146mal in Südtirol und 1mal ganz in Ihrer Nähe

Wohin Sie in Südtirol auch kommen – eine Raiffeisenkasse ist schon da. Das Giebelzeichen gehört zum vertrauten Bild. Die schnelle, unbürokratische Abwicklung aller Geldgeschäfte und die persönliche Beratung durch fachkundige Mitarbeiter wissen unsere Kunden zu schätzen. Stellen Sie uns auf die Probe. Wir möchten es Ihnen gerne beweisen.

**Die Südtiroler Raiffeisenkassen**

mit ihrer

**Raiffeisen-Zentralkasse Südtirol**

# Geleitwort des ersten Vorsitzenden der »Stillen Hilfe für Südtirol«

GERHARD BLETSCHACHER

Fünfundzwanzig Jahre »Stille Hilfe für Südtirol«, das ist gleichbedeutend mit 25 Jahren des Dankes an all jene, die in diesem Vierteljahrhundert die Arbeit unseres Vereins unterstützten.

Danke! Ein von Herzen kommendes ›Vergelt's Gott‹ all denen, die sich die Spenden teils vom Mund abgespart haben, um damit Kindern und Familien, die im Schatten unseres heutigen Wohlstandes stehen, zu helfen. Gerade die vielen, ungenannten Spender haben mit kleinen und großen Beträgen geholfen, Not zu lindern und Freude zu bereiten.

Herzlichen Dank auch allen prominenten Freunden unseres Vereins aus dem politischen Leben. Ungeachtet der Partei-Zugehörigkeiten unterstützen uns bedeutende Repräsentanten. Sicher auch deswegen, weil unser Ziel nicht politische Agitation, sondern soziale und kulturelle Hilfe für und in Südtirol heißt und ein Werk der Freundschaft über die Grenzen hinweg ist.

Aber auch die enge Zusammenarbeit mit der Südtiroler Landesregierung und den gewählten Vertretern deutscher und ladinischer Zunge war eine entscheidende Voraussetzung für eine erfolgreiche Tätigkeit in Südtirol.

Die Behörden sind unserem Wirken immer freundlich gegenübergestanden, und die Medien, ob Presse, Rundfunk oder Fernsehen, haben mit wohlwollenden Berichten unsere Arbeit stets gefördert.

Herzlichen Dank dann auch all den vielen ehrenamtlichen

*Gerhard Bletschacher*

Helfern des Vereins, mit deren Hilfe es möglich war, die »Stille Hilfe für Südtirol« ohne die sonst üblichen Personal-, Raum- und Reisekosten zu führen.

Der besondere Dank und Anerkennung gilt aber den Südtirolern selbst. Sie haben mit den Spenden, mit Mark, Lire und Schilling Not und Armut beseitigt und Werte geschaffen, die zum Wohl vieler wirken. Alle zusammen, Mitglieder, Förderer und Südtiroler Freunde, haben in 25 Jahren ein segensreiches Netz der Für- und Vorsorge entwikkelt. Es ist ganz gleich, ob es dabei um den Bau von Kindergärten, die Bereitstellung von Stipendien oder die Hilfe für in Not geratene Bergbauern ging.

Ein herzliches Dankeschön, ein aufrichtiges Vergelt's Gott allen zusammen!

Ihr Gerhard Bletschacher

Der beste Zug.
Der Weg zur Sparkasse.
Südtiroler
Landessparkasse

SÜDTIROL
DOLOMITEN · ITALIEN
SÜDLICH WILLKOMMEN
Seidig azurblau der Himmel, poetisch das Licht, heiter die Landschaft, glühend violett die Dämmerung. Die milde Harmonie des Südens beginnt gleich nach dem Alpenhauptkamm. Auf den sonnigen Terrassen, Almen und Plateaus des Mittelgebirges, vor den bizarren Urzeit-Kulissen der Dolomiten oder in der grandiosen Hochgebirgswelt des Ortler-Massivs. So groß die Vielfalt im Herzstück der Alpen auch ist – eines finden Sie überall: Die Herzlichkeit eines ursprünglich gebliebenen Menschenschlages. Er heißt Sie südlich willkommen zu den herrlichsten Freizeiterlebnissen – vom Wandern bis zum Klettern, vom Törggelen bis zum Kultur-Streifzug, von der intensiven Kur bis zum turbulenten Wassersport.
IN SÜDTIROL IST
DIE SONNE STAMMGAST

# Vorwort

Es war für mich eine überraschende, freudige Erfahrung zu erleben, daß es heute noch zahlreiche Menschen gibt, die bereit sind, in Not geratenen Mitmenschen spontan zu helfen.

Daß es sich bei den Betroffenen um südtiroler Bergbauern handelte, zählte bei vielen besonders. Denn die meisten hatten in dieser Region schon glücklich und zufrieden ihren Winter- oder Sommerurlaub verbracht. Und zur guten Erinnerung an Südtirol mit seinen weiten Tälern, Dörfern und Burgen, den schneebedeckten Bergriesen und den Genüssen von Speis' und Trank gehören auch die hochgelegenen, trutzigen Berghöfe mit den Bergbauern, die dort unabhängig, unbeugsam und zäh den unwirtlichen Höhenlagen oft noch mehr als das Existenzminimum abringen können. Und die mit mühsamer und harter Handarbeit den Charakter der Landschaft dieses hochgelegenen Landes prägen.

Doch wer von den Touristen kann sich schon vorstellen, daß nur wenige Kilometer von den Fremdenverkehrsdörfern entfernt, in den hochgelegenen Gebieten, Bergbauernfamilien um ihr täglich Brot zu kämpfen haben? Wer sieht dem äußerlich schmucken Berghof weit oben an der Baumgrenze an, daß er dringend sanierungsbedürftig ist und weder sanitäre Anlagen noch warmes Wasser aus der Leitung aufweist?

Jahrelang hatte ich als Journalist eher über die lichten Seiten eines unabhängigen Lebens in den Bergen publiziert. Aber als ich eines Tages mit einem besonders harten Schicksal konfrontiert wurde, wollte ich mich nicht nur mit einem Artikel darüber davonstehlen.

Meine Appelle um Mithilfe nahmen zahllose Menschen offenen Herzens auf. Es ist fast unglaublich, wie viele spontan und mit eigenem Engagement geholfen haben.

So hat sich eine alte Rentnerin ihre Spende tatsächlich ›vom

Munde abgespart‹ und eine Familie mit zwei Kindern kurzentschlossen das Urlaubsgeld für den ersten Mallorca-Flug einigen »südtiroler Kindern, die ihren Vater verloren haben«, zur Verfügung gestellt.

Mit höchster Anerkennung kann ich daher nur vom Wirken aller Mitglieder der »Stillen Hilfe« berichten, die 25 Jahre lang immer aufs neue geholfen haben – unbürokratisch und direkt.

Besonders danken möchte ich meinen Berufskollegen, die die Beiträge im Bayerischen Fernsehen ermöglicht und genehmigt haben. Ohne sie wären die Filme nicht entstanden und hätten wir alle nicht eine Chance erhalten: die einen, um zu überleben, wir anderen, um zu helfen. Dann danke ich Wieland Simon, der spontan Artikel und Bilder stiftete, und auch Udo Bernhart, der ebenfalls sofort zusagte, daß wir über seine Bilder verfügen könnten. Dann danke ich Jeanette und Gerhard Bletschacher von der »Stillen Hilfe«, die freiwillig die Last ordentlicher Buchführung bei den eingehenden Spenden der letzten Aktionen trugen, und meinen Mitarbeitern, die an diesem Buch mitgewirkt haben.

Das Buch will mehreres erreichen: Einerseits ist es gedacht als ein Dokument für das, was Mitbürger in der »Stillen Hilfe für Südtirol« nun 25 Jahre lang selbstlos geleistet haben. Andererseits möchte ich meine Leser anregen, auch oder wieder mitzuhelfen, wenn südtiroler Bergbauern in Not geraten sind. Denn die Schilderungen zeigen, daß es noch immer vieler Hilfe bedarf.

Schließlich verstehe ich die Berichte in diesem Buch auch als hoffnungsvolle Zeichen dafür, daß die europäische Idee lebt und wir über noch bestehende Grenzen hinweg solidarisch zusammenhalten können.

Klaus Gerosa

# Zu jeder Jahreszeit

Sommer
Frühjahr
Herbst
Winter

SÜDTIROL

OBST AUS Südtirol.

VOG Südtirol

**VOG**

**– Verband der Südtiroler Obstgenossenschaften**

Raiffeisenstr. 2, BOZEN
Tel. (0471) 978024 (8 Linien)
FS 400171 (2 Linien)

Der beliebte Treffpunkt in München
für unsere Südtiroler Freunde

Südtiroler Torggelstuben

*Auserlesene Südtiroler Spezialitäten und Weine in Restaurant und Keller*

Südtiroler Torggelstuben · Südtiroler Torggelkeller
Am Platzl 6-8 · 8000 München 22 · Tel. 0 89/29 20 22

Über Ihren Besuch freuen sich
Annemarie Margesin
Ruth Innerhofer

---

Der direkte Weg zum gutem Wein!

Südtiroler Weinbauernverband
GEN.M.B.H.

SÜDTIROLER WEINBAUERNVERBAND

*Edle Tropfen von den Südtiroler Kellereigenossenschaften. Direkt im Vertrieb in der Bundesrepublik Deutschland*

I-39057 Eppan · Umfahrungsstraße 17 · Tel. 0471/660060, Telex 401591
Zweigniederlassungen in:
8000 München 2 · Am Platzl 6-8 · 6020 Innsbruck · Kranewitterstraße 2

# »Denn die Freude, die wir geben«

## Hilfe für die Bergbauernfamilie Heinisch

Jeder von uns ist sicherlich schon in die Versuchung geraten, die Tageszeitung wegzuwerfen oder auch die Nachrichtensendungen im Fernsehen auszuschalten: Tag für Tag, Stunde um Stunde werden wir mit Nachrichten überhäuft, die vom Leid und Unglück dieser Welt künden. Schon aus Gründen des Selbstschutzes ist man bestrebt, nicht mehr hinzuhören, wenn von Unglücksfällen, von Not und Krankheit die Rede ist. Journalisten, die sich berufsmäßig damit beschäftigen müssen, haben es sich angewöhnt, besonders hart und abwehrend zu reagieren: Mitleid ist Luxus, Zeit ist Geld – und die nächste Geschichte über das nächste Elend ist bereits terminiert.

Der Auftrag, für das Magazin »Alpin« eine Reportage über den Verein »Stille Hilfe für Südtirol e. V.« zu schreiben, wird angegangen. Zunächst ein Anruf beim 1. Vorsitzenden, einem Gerhard Bletschacher in München. Kurz das Gespräch, um die wichtigsten Informationen zu erhalten: Wer ist der Verein, was macht er, gibt es einen tragischen Fall, den es lohnt, in der Dezembernummer vorzustellen? Immerhin, die Weihnachtsnummer.

Gerhard Bletschacher zögert so, daß ich fast mißtrauisch werde. Journalisten ›hören ja oft das Gras wachsen‹ – ich mache da keine Ausnahme. Immerhin: Er will mir einige Unterlagen und Aktenblätter zusenden. Nach zwei Tagen sind die Unterlagen da. Ich überfliege die wenigen Seiten. Dann greife ich zum Telefon, spreche mit dem Chefredakteur Georg Schimke:

»Also: manches liest sich schlimm, manches könnt' ich mir auch hier vorstellen. Aber mit einem Interview kommt da nichts heraus, ich such' mir einen Fall und fahre mal 'runter.«

Als ich Tage später aufbreche, ist mein Terminplan vollgestopft. Für einen ›Fall‹ der »Stillen Hilfe«, die Bergbauernfamilie Heinisch in Matsch, habe ich zwei Stunden fest, zwei Stunden Reserve eingetragen. Üblicherweise reicht das für einen flüchtigen Kontakt, ein Gespräch, Fotos und eine oberflächliche Prüfung der Geschichte im Umfeld. Schließlich soll dieser Fall nur der Aufmacher für einen Vier-Seiten-Bericht über einen Verein mit Sitz in München werden.

Als ich nach zwei Tagen aus Matsch wieder abfahre, weiß ich, daß ich mich noch am selben Tag an den Computer setzen werde. Ich weiß es, weil ich muß!

Wieder ist es Abend, als ich ankomme, aber ich bin hellwach. Nach ein paar Stunden zerknülle ich die Seiten, die ich habe ausdrucken lassen: der Text ist nicht nur schlecht, sondern – er dreht sich um mich! Um meine Betroffenheit, um meine Not, um meine seelischen Regungen – und nicht um das, was ich die letzten zwei Tage gesehen und erfahren habe.

Aus! Pause! Ich werfe mir meine Jacke über, verlasse das Haus, laufe durch die Nacht.

Als ich nach einer halben Stunde wieder am Computer sitze, weiß ich, was ich zu Papier bringen möchte: keinen ›Fall‹, sondern einen Appell. Keine distanzierte Reportage, sondern einen Hilferuf an alle, die ich mit diesem Artikel erreichen kann. Und je mehr Buchstaben und Worte sich auf meinem Bildschirm zu Sätzen formen, desto schneller schreibe ich, so, als wollte ich die Leser bereits morgen erreichen.

Es ist sieben Uhr morgens, als ich, müde und steif, den Drukker ein zweites Mal anstelle. Wird mir das die Redaktion, werden mir diesen Artikel meine Leser abnehmen?

»Es ist fast unglaublich: Nur wenige Kilometer von den reichen Südtiroler Dörfern im Tal des Vinschgaus entfernt, kämpft eine Bergbauernwitwe mit sieben Kindern einen fast aussichtslosen Kampf um ihre Existenz. Mitten in einem der schönsten Urlaubs- und Erholungsgebiete gibt es eine Bergbauernfamilie Heinisch, die, unverschuldet in Not, sich nicht mehr alleine aus ihrer Lage herausarbeiten kann!

Unten im Tal preisen bunte Hochglanzbroschüren Hotelplätze mit Swimmingpools, Sauna, fließend Heiß- und Kaltwasser an: Die Bergwelt vor der Tür, zu der die Bergbauern mit ihren Häusern und Almen gehören, ist bezahlte Kulisse. Die Familie Heinisch, die dazugehört, muß ihr Waschwasser auf einem uralten, kaputten Küchenherd wärmen, und die einzige Waschgelegenheit für alle ist eine alte Emailschüssel.

Unten im Tal ruht man in Einzel- oder Doppelzimmern, oben aber schlafen drei der Heinisch-Buben in einem engen, mit Schränken vollgestellten Zimmer, die Mädchen ebenso in einem andern, ein Kind in einer Abstellkammer. Als Journalist hat man ja hartgesotten zu sein, wenn es darum geht, eine Story zu machen. Zynisch gesagt: Die Not anderer ist das tägliche Brot. Und als ein Informationsschreiben der Organisation ›Stille Hilfe für Südtirol e. V.‹ der Redaktion auf dem Tisch liegt, stellen sich gleich solche Fragen: Wieso gibt es einen Verein in München, der sich um Sozialfälle in Südtirol kümmert? Aus Menschenfreundlichkeit? Aus einer anachronistischen politischen Einstellung heraus? Gibt es da etwas, was die Leser interessiert, informiert, aufrührt?

Von einem ›besonders tragischen Fall‹ schreibt ein Manfred Zangerle, der Bezirksobmann der Tiroler Volkspartei. Ich überfliege seine Zeilen: ›Am Montag, dem 14. April 1986, ist der Bergbauer Nikolaus Heinisch, 49 Jahre alt, vom Bergdorf Matsch in der Gemeinde Mals (1564 m ü. d. M.) mit dem Traktor den Berghang hinuntergestürzt und tödlich verunglückt. Der Bergbauer hinterläßt eine Frau und sieben Kinder zwischen 11 und 19 Jahren. Die älteste Tochter Gerlinde (19) hat nur in der Saisonzeit als Küchenhilfe eine Arbeit gehabt. Die zweitälteste Tochter, Rosina (18), besucht zur Zeit noch die Frauenfachschule in Mals. Die anderen Kinder, Lorenz (17), Franz (16), Andreas (14), Karlheinz (12) und Elisabeth (11), sind alle noch schulpflichtig.

Da der kleine Bergbauernhof auf einer Höhe von 1563 Meter gerade noch so viel abwirft, um die Familie recht und schlecht ernähren zu können, und da nun infolge des tragischen Unfalls der einzige Ernährer nicht mehr da ist, sind die Not und das Leid dieser Familie unter diesen Verhältnissen besonders schwer. Er-

*Der von einer Lawine zerstörte Hof von Nikolaus Heinisch*

*Auf diesem Herd mußte Elisabeth Heinisch das Essen für ihre sieben Kinder zubereiten.*

*Mit dem Geld von Tausenden von Spendern konnte das Dorfhaus renoviert werden.*

schwerend kommt noch hinzu, daß in allernächster Zeit die ersten Raten für ein aufgenommenes Darlehen zur Behebung der Unwetterschäden des Jahres 1983 zurückgezahlt werden müssen.‹

Das liest sich interessant. Das könnte eine ›Story‹ sein. Ich rufe noch das Pfarramt an, frage nach der Familie. Ja, es gibt sie, und ihnen geht's nicht gut. Genau das ist der Grund, warum ich, wenige Tage später, die 280 Kilometer über den Reschenpaß nach Südtirol in den Vinschgau fahre. Es wird spät. Über zahllose Serpentinen geht es in die Höhe, wobei mir die Landschaft durch die einbrechende Nacht verborgen bleibt. Und dann tauchen die ersten Häuser von Matsch auf, die, eng zusammengedrängt, im Scheinwerferlicht einen abweisenden, abwehrenden, ja geradezu trotzigen Eindruck machen.

Der erste Mensch, den ich im Dorf treffe, ist der Pfarrer. Kaum stelle ich mich vor, strahlt er mich geradezu an: ›Gut, daß Sie kommen. Das ist für diese Familie die einzige Chance, wenn sich die Presse darum kümmert! Kommen Sie!‹ Er bittet mich ins Besuchszimmer. ›Wissen Sie, am Anfang haben alle gesagt, ja, wir helfen. Aber nach einer Weile, verstehen Sie, da hat doch jeder seine eigenen Probleme und Sorgen.‹

Ich schildere mein Anliegen, bitte ihn um Auskünfte. Pfarrer Hans Oberhammer ist es dann auch, der mich über die schmale, staubige Gasse hinüber zu Haus Nr. 2, zur Familie Heinisch, führt. »Das da ist ihr Haus im Dorf, das geht noch. Aber drüben, der Hof, den hat ja die Lawine erwischt, da ist fast alles zerstört worden. Wußten Sie das?‹

Ich wußte es nicht.

Er klopft an die Holztür, tritt dann in den Flur, geht die Stiege hinauf zum ersten Stock: ›Guten Abend. Hier, Ihr Besuch aus München.‹ Zögernd die erste Begrüßung. Schnell verdrücken sich Kinder und Jugendliche aus der Stube: Ein Journalist, bei uns? Was will denn der da?

Ich weiß es plötzlich selbst nicht, zu sehr verblüfft mich die Situation. Ein Dorfhaus, selbst wenn es so klein und auf den ersten Blick so renovierungsbedürftig wie dieses ist, hatte ich nicht erwartet. Nach zögerndem Austausch von Begrüßung und

Höflichkeitsfloskeln dann verlegene Rührigkeit: Ob ich Tiroler Speck und ein Viertel vom ›Roten‹ möchte?

Schließlich verebbt die Betriebsamkeit; die Bäuerin setzt sich an den Tisch, rückt noch unschlüssig am Stuhl. Ihre Haltung, ihr Gesicht signalisieren Mißtrauen und Gespanntheit – aber auch schüchtern Hoffnung. Vorsichtig suche ich den Kontakt, beginne das Gespräch mit harmlosen Fragen nach aktuellen Schwierigkeiten auf dem Hof; ich frage nach dem Vieh, nach den Kindern, nach der finanziellen Lage. Zuerst zögernd und zurückhaltend, dann aber immer offener gibt mir die Bäuerin mit ihrer leisen Stimme Antwort: ›Wir haben voriges Jahr einen Kredit aufgenommen von acht Millionen Lire, für Maschinen, für Futter ..., denn das Jahr vorher, nach dem Unwetter, da war so viel kaputtgegangen. Da waren die Wiesen hin, und wir haben Futter gebraucht. Und den Kredit hätten wir heuer im Juni zurückzahlen müssen, aber ... das hätten wir auch so nicht gekonnt.‹

Je länger sie spricht, desto mehr bricht aus ihr hervor. So, als müßte sie alles endlich jemandem anvertrauen: Den Schock über den Tod ihres Mannes; die Hoffnung auf nachbarschaftliche Hilfe, die schließlich nur von wenigen kommt; die Bestürzung über die Lawine, die den Stall eindrückte und das Wohnhaus zerstörte, und das Bewußtsein, daß sie es jetzt natürlich nicht aufbauen können; über die Notwendigkeiten, daß endlich ins Haus Wasser verlegt werden muß, weil auch die älteren Kinder sich abends richtig waschen möchten, und so fort.

Während sie spricht, mal zögernd, dann wieder hastig, beobachte ich ihre Hände. Denn eben hatte sie mir erzählt, daß sie im Haus und auf dem Hof alles selbst machen muß. Alles? Den Wahrheitsbeweis sehe ich an ihren Händen. Sie sind von schwerer Arbeit gezeichnet, mit Rissen, Schwielen und Furchen; die Fingernägel sind kurz, gesprungen und fleckig. Ich blicke ihr ins Gesicht. 47 Jahre ist sie alt, und es wäre, als hätte jedes Jahr dort Spuren hinterlassen. Die Linien ihres Gesichtes geben beredt Zeugnis davon, daß sie es in ihrem Leben wahrhaft ›immer schwer gehabt‹ hat.

›Was ist heute das Schwerste?‹ frage ich tastend. Ihre Augen füllen sich mit Tränen, und ihre Schultern zucken vom stummen

Schluchzen. Erst nach einiger Zeit sagt sie, stockend: ›Daß er nicht mehr da ist. Daß ich mich nicht mehr besprechen kann, was zu tun ist, was ich mit dem Haus oder den Kindern machen muß.‹

Von den Kindern sehe ich zuerst nur einige: den 12jährigen Karlheinz, der in diesem Unglücksjahr auch noch die letzte Schulklasse wiederholen muß; die stille 11jährige Elisabeth, die gleich aus dem Zimmer flüchtet, und die 18jährige Rosina, die sich zuerst mit skeptischer Miene in die Küche zurückzieht.

Später lerne ich noch die anderen kennen: den ältesten Sohn Lorenz, 17 Jahre alt, wortkarg und müde. Er schafft jetzt tagsüber im Forst, abends und am Wochenende auf dem Hof. Als ich ankam, waren der 16jährige Franz und der zwei Jahre jüngere Andreas bei einem Bauern, Heu abladen, bis tief in die Nacht. Ich sehe sie erst am nächsten Tag, als sie vom Berg zurückkommen, wo sie die Schafe heruntertreiben mußten. Sie sind todmüde, ernst, sprechen wenig, meiden den Kontakt, ziehen sich bald zurück.

Die Mutter kennt das, weiß aber keinen Rat – schließlich ist sie die erste, die aufsteht, und die letzte, die zu Bett geht. ›Ja, das geht so von fünf, sechs Uhr früh bis spät in die Nacht. Und wenn die Kinder im Bett sind, dann gibt's immer noch was zu tun, flicken oder stopfen.‹ Der Tag ist lang und schwer. Das Vieh will versorgt sein, und das bestimmt den Tagesablauf. Acht Kühe und Kälber, einige Schweine, Schafe und Hühner. Der zerstörte Hof mit dem Stall kann erst nach einem Aufstieg von etwa 45 Minuten erreicht werden. Sie schüttelt müde den Kopf, seufzt: ›Mit dem alten Traktor kann ich nicht immer hinfahren, und die Buben, die bekommen den Führerschein erst mit achtzehn.‹

Jetzt schaffen die Buben den Fußweg, wenn's pressiert, auch schon in dreißig Minuten. Wenn er frei ist, fahren sie mit der verrosteten und verbeulten alten Vespa hinüber. Aber die Milchkannen, die können damit nicht transportiert werden.

Die Kümmernisse häufen sich. Nach und nach erfahre ich von Situationen, die bereits als Einzelfall manche Mitmenschen zur Verzweiflung treiben könnten. Probleme mit dem zerstörten Hof, mit dem Dorfhaus, mit dem Kredit, dem Futterkauf, der

Waschmaschine, dem Wasser, der Gesundheit, der Verwandtschaft, der Nachbarschaft, den Kindern.

Obgleich die Kinder solidarisch zusammenhalten, einsichtig sind und ohne Klage teilweise wie Erwachsene hart arbeiten: Auch hier gibt es große Schwierigkeiten: ›Jetzt kommen sie wieder in die Schule, und da fallen wieder Spesen an.‹

Aber es sind nicht nur die Kosten.

Als ich nach den Bleistiftzeichnungen frage, die bei der Stiege hängen und einiges Talent verraten, beginnen die Augen der Elisabeth Heinisch wieder wasserhell zu glänzen: ›Das ist der Lorenz. Eigentlich wollte er etwas machen mit Zeichnen. Das haben auch die Lehrer geraten. Aber jetzt ist er im Forst, und später muß er sich um den Hof kümmern.‹ Und ähnlich ergeht es auch den anderen. Die Bäuerin vermißt ihre Älteste, die Gerlinde, doch die ist fort, arbeitet in der Gastronomie: ›Einer von uns muß ja Geld verdienen, und die Gerlinde hat dadurch eine gebrauchte Melkmaschine bezahlen können. Die haben wir nötig, denn die Kinder können ja nicht alle mit der Hand melken.‹ Der Franz, der soll jetzt Maurer lernen, denn ›wir müssen ja mal unseren Hof wieder aufbauen.‹

Und die Rosina, die am Abend noch die Lebendigste von allen ist? Erst nach einiger Zeit verrät sie: Krankenschwester wäre sie gerne, oder sie würde auch gerne für Behinderte sorgen. Sie lächelt wehmütig: ›Doch jetzt kann ich ja nicht mehr weg!‹ Das sagt sie dann aber mit einer Selbstverständlichkeit, die Bitterkeit ausschließt.

In der Familie wird nicht geklagt, auch wenn es an allen Ecken und Enden fehlt. Elisabeth Heinisch: ›Man spart, soviel man kann, und gibt nur aus, was unbedingt notwendig ist.‹

Doch dieser Satz kaschiert nur das Elend, wie ich es sehe: Obgleich alle Tag um Tag harte Fronarbeit leisten, reicht's nicht, weder ›vorn noch hinten‹.

Und das Schlimme ist: Ihre Situation kann sich niemals verbessern, wenn sie an ihrer Heimat, an ihrem Hof festhalten. Eine Mutter mit sieben Kindern, die auf ihrem Hof wie auf einer ›Insel der Armut‹ inmitten einer meist wohlhabenden Umgebung versucht zu überleben. Was heißt ›leben‹, denke ich betroffen, als ich in meinen hypermodernen ›Espace‹ steige, um wieder wegzufahren.

Das darf doch nicht wahr sein, daß inmitten unserer Wohlstandsgesellschaft diese acht Menschen keine Chance erhalten, aus ihrem Leben etwas zu machen! Daß man sie kämpfen läßt ohne die berechtigte Hoffnung, mehr für einen Arbeitstag, ein Arbeitsjahr zu erhalten als das Existenzminimum! Und: eine grundlegende Hilfe ist nicht in Sicht!

Noch nicht, denke ich, als ich anfahre, noch nicht! Denn ich weiß plötzlich, daß ich hier nicht so ›cool‹ wie andere Kollegen bleiben kann! Ich werde schreiben, aber nicht nur einen Artikel oder zwei, sondern Briefe, Rundschreiben und Flugblätter. Ich werde Kollegen zu Hilfe rufen, auch die vom Fernsehen! Sie werden ihre Hilfe nicht versagen. Und dann die Bergsteiger, die Bergwanderer, die Freunde Südtirols: Sie wissen nicht nur um das harte Leben im Gebirge, sondern auch um die Not im Gebirge. Auch sie werden ihr Herz öffnen!

Not kennt kein Gebot, sagt man. Doch das ist grundfalsch, wenn es um die Not anderer geht!«

Das Schicksal der Heinisch-Familie geht mir nicht aus dem Sinn. Ich rufe Hermann Magerer vom Bayerischen Fernsehen an, der die Sendereihe »Bergauf-Bergab« leitet, die einmal monatlich 45 Minuten lang vornehmlich touristische Informationen für Bergsteiger und Bergwanderer sendet.

»Hermann, wir müssen da was machen, wir müssen davon berichten, das ist unbedingt notwendig! Das ist zwar keine Kletter- oder Bergsteigergeschichte, aber schließlich gehen doch unsere Zuschauer auch nach Südtirol, wandern und erholen sich dort, und sicher werden sie es akzeptieren, daß wir vor Weihnachten einmal auch etwas zeigen, was sie sonst nicht so sehen...«

Er unterbricht mich: »Trägt die Geschichte, oder trägt sie nicht?«

»Ja.«

Er schweigt einen Augenblick. Dann sagt er: »Gut, du machst das. Zur nächsten Sendung vor Weihnachten. Und die Kamera macht Peter Stückl. Ich klär das noch. Und denk daran: nicht zu viel ›Moralin‹! Also, viel Erfolg! Servus!«

Es muß sich etwas bewegen, und es wird sich etwas bewegen!

In den folgenden Wochen geschieht viel. Mit Peter Stückl, einem freien Kameramann, und seinem Team fahre ich nach Matsch. Ich bin froh, daß er den Auftrag erhalten hat. Er ist nicht nur ein sympathischer Kollege, sondern ein Könner hinter der Kamera, der die Bilder gleich einem Maler nach Farbe und Form gleichermaßen zur Geltung zu bringen weiß. Er ist auch, eine Seltenheit in seinem Beruf, sehr sensibel und schafft es immer wieder, daß nicht nur die Realität im Film abgebildet wird, sondern daß die Bilder Empfindungen verursachen.

Vier Tage lang sehen wir den Alltag der Witwe Heinisch. Vier Tage erleben wir, wie die Kinder versuchen, mit ihrer Situation fertig zu werden. Das Team ist genauso betroffen wie ich; unsere Gespräche kreisen um die Situation der Heinischs, der südtiroler Bergbauern, und um die unsrige.

Und um die Denkwürdigkeiten bei diesen Drehtagen, wo es uns seltsam ankam, daß alles ›stimmte‹: die notwendigen Wetterstimmungen, Schönwetter und Regenwetter, oder auch jener Augenblick, als das Team spontan den Friedhof aufsuchte, um das Grab Klaus Heinischs zu sehen: just in diesem Augenblick, nach vielen Monaten des Geschehens, setzten Arbeiter seinen Grabstein.

Tag der Film-Abnahme: Hermann Magerer sieht den Film im Schneideraum an. Und schweigt. Erst als er meine Verunsicherung bemerkt, beruhigt er mich: doch, doch, der Filmbeitrag sei ganz in Ordnung, nur: das Schicksal der Heinischs sei schon erschütternd. Als ich den Wunsch äußere, die Adresse der »Stillen Hilfe« einzublenden, runzelt er die Stirn: das könne nur sein Vorgesetzter entscheiden, das wäre nicht üblich. Er telefoniert.

Auch die Leute im Fernsehstudio sind betroffen. Erste Anfragen, ob man nicht helfen könnte. Schließlich kommt Hermann Magerer mit der Botschaft herein, daß die Adresse und die Telefonnummer der »Stillen Hilfe« eingeblendet werden können.

Glücklich rufe ich Gerhard Bletschacher an. Er versichert mir, daß sein Telefon besetzt sein würde: »Wenn jemand anruft, um zu helfen, dann sind wir schon zu Hause!«

Er rechnet fest damit, daß sich einige Zuschauer melden werden. Dann der Tag der Sendung, Freitagabend, 19 Uhr. Das kann niemanden kalt lassen, denke ich, das kann ich mir nicht vorstellen.

Kaum ist der Film vorbei, schrillt das Telefon. Einer meiner Bekannten meldet sich: »Also, der Film war hart, und ich möcht' helfen. Aber die eingeblendete Telefonnummer ist bereits besetzt... Vermitteln Sie das nicht auch?«

Und dann geht es Schlag auf Schlag: Kaum habe ich mit dem einen gesprochen, ruft bereits der nächste an. Spät am Abend schließlich hänge ich den Anrufbeantworter an: ich muß jetzt selbst abschalten. Wenn das die Heinischs wüßten!

Tagelang versuchte ich dann, die »Stille Hilfe« anzurufen, vergebens! Erst nach vier Tagen komme ich endlich durch!

Jeanette Bletschacher ist am Apparat: »Wissen Sie, seit Ihrer Sendung steht bei uns das Telefon überhaupt nicht mehr still. Das waren jetzt schon Tausende von Anrufen. Und der Briefträger bringt kartonweise Post, es ist unglaublich!« Gerhard Bletschacher nimmt den Hörer: »Es ist fantastisch. Wir müssen uns mal zusammensetzen, kommen Sie doch mal heraus!«

Später sitze ich bei ihm im Keller, den er zum Büro umgebaut hat: Berge von Akten, Berge von Briefen. Gerhard Bletschacher schaut erschöpft, aber glücklich aus:

»Ich kann es immer noch nicht fassen, was da alles abgelaufen ist, ich bin ganz begeistert! Da, schauen S'!«

Und mit der großzügigen Geste eines Meisterzauberers reicht er mir einen dicken Packen grün-weiß-gestreiften Papiers über den Tisch.

»Das rettet die Familie Heinisch!« sagt er und strahlt über das ganze Gesicht. Die Computerliste entfaltet sich. Es ist nur ein Papierband, denke ich, aber was für eines! Es ist nichts Geringeres als ein Beweis für Menschlichkeit. Es ist ein Beweis, an dem ich nie gezweifelt habe, über dessen Eindeutigkeit und Stärke ich aber sehr gerührt bin.

Auf den ersten Adressenlisten stehen übrigens die Namen von Lesern des »Alpin«-Magazins, das den Artikel inzwischen herausgebracht hat. Und es gab auch schon Leserzuschriften. Zum Beispiel von älteren Lesern, die für die Bergbauern bereit waren, von ihrer Rente etwas abzugeben, weil sie die Not nach dem Krieg am eigenen Leib erfahren hatten. Andere wollten teilweise nicht nur Geld spenden, sondern boten auch an, mehrere Tage oder gar den ganzen Urlaub über auf dem Hof zu arbeiten, unentgeltlich, nur um zu helfen.

Dann ein Anruf aus Frankfurt: »Hier spricht Matthias Gaebelein. Stimmt das mit den Heinischs? Ja? Also, wir haben hier Ihren Artikel kopiert und vergrößert in unserer Arztpraxis aufgehängt und sammeln Geld. Außerdem wollen wir nach Südtirol fahren und Kleider abgeben. Können Sie uns die Adresse geben?«

Ich zögere – denn ich kann mir nicht vorstellen, daß eine Art ›Betroffenheitstourismus‹ zu den Heinischs das richtige ist. Aber die Stimme klingt vertrauenswürdig.

»Wir kommen vorher bei Ihnen vorbei und holen uns die Adresse. Da können wir uns ja kennenlernen.«

Ich sage erst einmal zu, das Angebot ist fair.

Gerhard Bletschacher ruft an: »Jetzt sind schon 6000 Mark eingegangen. Wir werden so viel drauflegen, daß die Schulden erledigt werden.«

Die Schulden, die bedrückten mich am meisten. Denn wie wollte man für einen Ofen oder für Warmwasser sorgen, wenn der bereits gestundete Agrarkredit zurückgezahlt werden muß und eher eine Versteigerung droht?

Thomas Beier, der beim Filmteam von Peter Stückl der Tonmeister war, meldet sich: »Gestern war ich bei Fuzzy Garhammer bei der Alpenvereinssektion Nürnberg, Ortsgruppe Altdorf. Ich habe von den Heinischs erzählt, und der Fuzzy hat auf einen Teil seiner Gage verzichtet, und die anderen haben in ein Körbchen gespendet... Weißt du, ich hab' einfach gesagt, daß wir doch nicht dort einen Skiurlaub ruhigen Gewissens machen können, wo es anderen Leuten und deren Kindern so schlecht geht! Klaus – wir haben über tausend Mark!«

Es war ein herrlicher Tag, denn nur wenige Minuten später sagte »Plastoplan« zu. Diese Firma in Ruhwinkel im hohen Norden der Bundesrepublik hatte ich telefonisch und brieflich bestürmt, um eine teuere Teichplane gestiftet zu bekommen. Denn der von der Lawine aufgerissene Berghof der Heinischs sollte, so dachte ich mir, noch rechtzeitig vor dem ersten Schnee des Winters damit abgedeckt werden.

Tage später ruft eine Mitarbeiterin der Spedition Werndl an: die Plane sei da. Als ich antworte, daß sie ruhig an meine Adresse geliefert werden könne, da fragt sie spöttisch an, ob ich denn wüßte, wie groß und schwer sie sei.

Kurzum: das Ungetüm liegt auf einer Palette, wiegt mehrere Zentner und wird von mir kaum in den Flur gelegt werden können!

Ich alarmiere den Vorstand der Schutzgemeinschaft Alpen e. V., die laut ihrer Satzung auch für die Erhaltung der alpinen Kultur eintritt. Ihr Vorstand Harald Antes aus Rottach-Egern organisiert schließlich den Transport durch Österreich nach Italien, kümmert sich um Helfer, fährt selbst nach Matsch, und am Ende wird nach der Methode des Verpackungskünstlers Christo die Kunststoffplane aus Norddeutschland über den Berghof der Heinischs gebreitet! Allein bei dieser einen Aktion wurden viele Bürger mit dem Schicksal der Heinischs und mit den Problemen der Südtiroler Bergbauern konfrontiert und eingehend darüber informiert. Erstaunlich die Solidarität und Arbeitsbereitschaft bei allen: bei den Firmen, die keine Rechnungen stellten, oder bei den Mitgliedern der Schutzgemeinschaft Alpen e. V., die die Plane über weite Strecken transportierten und schließlich über das Haus der Heinischs ausbreiteten.

Eines Tages steht die Frankfurter Familie Gaebelein vor meiner Türe: »Wir sind jetzt auf dem Weg nach Südtirol, wir wollen Ihnen mal erzählen, was wir alles in Frankfurt angestellt haben.«

Zuerst bin ich gerührt, später voller Bewunderung – nicht nur für die Gaebeleins, sondern für alle, die an ihrer Aktion mitgewirkt haben: die beiden Autos aus Frankfurt sind voller Kleider, Konserven, Weihnachtsstollen, Obst und anderen nützlichen

Dingen. Viele Spender stifteten Geld: 10000 Mark, das hatten die Gaebeleins als Losung in ihrer Praxis ausgegeben, wollten sie bis Mitte Dezember sammeln. Dazu ein großes Glas an der Anmeldung mit einem Plakat, auf dem stand, wofür das Gestiftete verwendet werden soll: Mark um Mark wird eingeworfen, Schein um Schein eingelegt. Jeden Morgen wird der neueste Stand auf dem Konto und auch die noch verbleibenden Tage bis zum Ziel »10000 Mark am 20. Dezember« auf ein Plakat gemalt. Der Vater Wolfgang Gaebelein veranstaltet einen Vorleseabend, und verkauft Kopien einer Kassette, die an diesem Abend aufgenommen wurde: das Geld wandert in den ›Heinisch-Topf‹. Mit einem eigenen Flugblatt werden alle Bekannten angesprochen, aufgeklärt und um Spenden gebeten.

Ich nehme tatsächlich einen 10000-Mark-Scheck entgegen und gebe ihnen die Anschrift der Familie Heinisch, der die Gaebeleins noch über ein Jahr lang helfend beistehen sollten.

Zehn Tage nach der TV-Sendung meldet sich wieder Gerhard Bletschacher: »Ich buche und buche! Es ist fantastisch. Gestern konnten wir die Ofenanlage, dann das Warmwasser, jetzt können wir bereits die Renovierung der Mädchenkammer bezahlen!«

Und es hört nicht auf.

Die Belegschaft der Firma Salewa-Sport in München sammelt Geld bei der Weihnachtsfeier. Als ihr Werbeleiter Helmut Jäger bei mir anruft, um mir das Sammelergebnis durchzugeben, bin ich unverschämt genug, ihn um einen weiteren Gefallen zu bitten: für die Heinisch-Buben Tourenski, Stöcke, Skischuhe und Felle.

Ich habe dabei nicht nur vor Augen, daß diese mit sehnsüchtigen Blicken anderen aus ihrem Dorf nachgesehen hatten, die mit Skiern umherzogen, sondern denke daran, daß sie im Winter für den Fußweg zum Stall des Berghofes fast 45 Minuten brauchen. Mit den Skiern wären sie in wenigen Minuten im Tal, und mit Fellen könnten sie den Aufstieg in vielleicht 15 Minuten schaffen.

Während Helmut Jäger mit verschiedenen Firmen telefoniert, schreibe ich an Dr. Falkner von den Bergbahnen Nauders, ob er nicht für die drei Buben einen Skilehrer und freie Fahrt auf den Liften stiften könnte.

Seine Zusage trifft noch am selben Tag ein, an dem Helmut Jäger mir sagt, daß er die Ausrüstung für die drei jetzt organisiert habe.

Tag für Tag melden sich Menschen, wollen sich informieren, wollen mitmachen, oder berichten, was sie bereits getan haben. Dazwischen telefoniere ich mit Frau Heinisch: wer geschrieben hat, wer aufgetaucht ist, wer etwas gestiftet hat, was sich in der Familie tut. Als der Sohn Franz krank wird und wegen eines Nierenleidens ins Hospital muß, bieten sich sofort die Gaebeleins an, ihn in Frankfurt aufzunehmen und zu behandeln. Dazu kommt es nicht, dafür fahren aber die Gaebeleins schon bald wieder nach Matsch: zwei Tonnen Kraftfutter für die Kühe bringen sie mit, bezahlt von den Spenden, wobei wir sogar noch einen erheblichen Preisnachlaß erhalten.

In München ist indessen die zweitälteste Heinisch-Tochter Rosina eingetroffen, die Krankenschwester werden möchte. Meine Nachbarn, die Deutschmanns, haben ihr sofort einen Ausbildungsplatz als Schwesternhelferin besorgen können: das sollte sich auszahlen, wenn sie sich später als Schwesternschülerin bewirbt. Auch darüber hinaus kümmert sich das Ehepaar Deutschmann rührend um Rosina. Durch Zufall stellt sich heraus, daß meine Nachbarn privat den Südtiroler Landesrat Dr. Luis Durnwalder kennen, der ausgerechnet für das »Assessorat für Land- und Forstwirtschaft« zuständig ist, das auch für die Bergbauernförderung verantwortlich zeichnet.

Natürlich ergreife ich die Gelegenheit, und es ergibt sich durch diesen Kontakt ein lebhafter Briefwechsel.

Als sich später abzeichnet, daß das Spendengeld für die Sanierung des Heinisch-Hauses ausreichen könnte, wenn mögliche Landesmittel noch hinzuflössen, schreibt er:

»Ich bin der Meinung, daß es gerade bei den vielen freiwilligen Spendern und Helfern wesentlich darauf ankommt zu beweisen, daß auch von seiten des Landes Südtirol entsprechend geholfen wird, und daß die Familie so schnell wie möglich wieder zu ihrem Heim kommt. Kann Ihnen versichern, daß ich alles in meiner Macht Stehende tun werde, um der Familie Heinisch im Rahmen der gesetzlichen Möglichkeiten so schnell und so gut wie möglich zu helfen.«

Es ist erstaunlich, daß noch Monate nach Erscheinen meines Artikels und der Fernsehsendung Menschen konkrete Unterstützung geben wollen. Eine Firma »Fetzer inbau« im schwäbischen Giengen bietet für einen Buben eine dreijährige Ausbildung zum Möbelschreiner an: ein hochherziges Angebot für den Sohn Franz Heinisch, doch möchte die Familie sich nicht auseinanderreißen lassen. Eine Frau Hackenesch aus Essen möchte für die Rosina die Ausbildung zur Krankenschwester finanzieren, drei Jahre lang – und überlegt dann, wie sie das garantieren kann, weil sie ja schon 80 Jahre sei. Frau Christine Kamm aus Fürstenfeldbruck organisiert Bekleidung, und übernimmt mit Zustimmung ihrer Familie eine finanzielle Patenschaft für die Jüngste der Heinisch-Familie. Stefan Moser aus Ingolstadt sammelt Geld in der Jugendgruppe, die eine Skifreizeit durchführt, Matthias Rose, Student aus Eglharting in Oberbayern, fährt nach Matsch und arbeitet auf dem Hof fast drei Wochen, unentgeltlich. Werner Schönleber aus Tauberbischofsheim sammelt 560 Mark: »Die Spenden kamen einmal aus unserem eigenen Familienkreis sowie von unserem Wanderverein WF Werbach, dem wir angehören, und auch von Mitgliedern unseres Kegelvereins. Weitere Spenden kamen von unserem Getränkehändler, von unserem Schuhmachermeister, bei dem wir uns oft zu einem Plausch treffen, und vielen Freunden und Bekannten.« Und in Vierkirchen in der Nähe Münchens gibt es ein Benefiz-Fußballspiel mit dem ehemaligen ›Bomber der Nation‹, Gerd Müller! Die Freizeitsportgruppe des SC Vierkirchen richtet es unter dem Motto ›Freizeitsport für Menschen in Not‹ aus. Arnold Bauer berichtet im Auftrag seiner Sportkameraden:

»Bei einer nun von uns durchgeführten Sammelaktion beim Gewerbeaufsichtsamt München-Land, beim Partnerchor der Fischerchöre Vierkirchen und bei der Sammelaktion während des Turniers und der anschließenden Siegerehrung mit Versteigerung bei einer Tombola konnte die erhebliche Summe von etwa

3500 Mark erzielt werden. Der Erlös wurde am 22. 3. 87, zusammen mit einer Kleiderspende, im Beisein von Herrn Hochwürden Pfarrer Osterhammer der Familie Heinisch überreicht.«

So gibt es zahllose Geschichten der Hilfsbereitschaft, die ich mitunter nur durch Zufall am Telefon erfahre; man kann sie gar nicht alle aufzählen!

Im Herbst des Jahres 1987 stabilisiert sich die Lage der Familie Heinisch endgültig: die Mutter hat den schweren Schock vom Tod ihres Gatten fast überwunden und sieht wieder mit Tatkraft in die Zukunft. Die Kinder haben sich auf die neue Situation eingerichtet und übernehmen neue Aufgaben und Verantwortung. Für Rosina und Franz konnten Ausbildungsplätze gefunden werden, Franz ist auch wieder gesundet. Die Schulden wurden abbezahlt, ein neuer Traktor konnte gekauft werden.

Dank der zahlreichen Spenden und der Landeshilfe geht man nun daran, das Dorfhaus ordentlich zu sanieren. Auch die Südtiroler Handwerker zeigen Solidarität: das löchrige Dach wird neu gedeckt, und der Preis ist fair. Der Bauunternehmer Matthias Paulmichl aus Mals setzt sich mit anderen Handwerkern zusammen, um die Frau Heinisch zu beraten, und um Sorge zu tragen, daß alles termingerecht vor dem Winter unter ›Dach und Fach‹ kommt: das wäre zwar nicht seine Aufgabe – und er hat reichlich zu tun –, aber er ist aufgeschlossen und verständig, als ich ihn bitte, die Familie etwas zu betreuen. Auch der Architekt Dr. Toni Noggler in Meran zeigt sich ansprechbar, als ich darum bitte, auf die Notlage der Familie bei der Rechnungstellung Rücksicht zu nehmen. Die Anregung, daß bei Heinischs eine Solaranlage angeschafft werden soll, habe ich mir lange überlegt, und mich auch beraten lassen. Aber andere Anlagen in der nächsten Umgebung funktionieren bestens, und so würden der Familie – die nicht nur für den Eigenbedarf, sondern auch für die Stallarbeit reichlich warmes Wasser benötigt – die Heizkosten in der Zukunft wesentlich gesenkt werden können. Eine ›Langzeitwirkung‹ der Hilfe von außen, die finanzielle Entlastung auch in der Zukunft verspricht.

Der Ingenieur Hellriegl aus Mals wird sich um diese Anlage kümmern.

Wenn ich heute die dicken Ordner ansehe, auf deren Rücken »Stille Hilfe, Fam. Heinisch« steht, dann fühle ich eine große Dankbarkeit vielen Menschen gegenüber, die ich meist gar nicht kennengelernt habe. Sie haben nicht nur der Familie Heinisch wieder zu einem menschenwürdigen Leben verholfen, was mein drängendes Anliegen war, sondern auch mein Leben bereichert: Ich weiß jetzt, daß wir alle zu solidarischem Handeln fähig sind, wenn wir nur richtig angesprochen werden, und ich durfte erfahren, daß ich mit meiner Arbeit dazu beigetragen habe.

*Viele Bergbauernhöfe liegen in Höhenlagen, wo die Winter sehr lange dauern.*

# »Der Segen muß auf dem Hof liegen«

Im Südtiroler Pustertal, zwischen Brixen und Bruneck, zweigt bei der Ortschaft Vintl eine Straße ab. Sie führt durch eine Talenge bergan, bis eine Kirche den Blick verstellt. Seit Jahrhunderten hat dieses Gotteshaus die Bauernhöfe von Pfunders um sich geschart wie eine Henne ihre Küken.

Ihre Glocken bestimmen auch heute noch den Rhythmus des harten Daseins der Bergbauern, die seit jeher selbst erzeugen, was sie zum Leben brauchen.

Hoch über dem Tal, beim Hinteregger, scheint die Zeit stillzustehen. Seit 1722, so ist es eingekerbt auf dem Balken über der Tür, thront der Bauernhof über Pfunders. Alles, was im Dorf passiert, kann von hier aus mit einem Blick erfaßt werden, doch das Geschehen selbst ist weit entfernt: Eine gute Stunde braucht man zu Fuß vom Ort herauf, um die fünfhundert Meter Höhenunterschied zu überwinden. Während der Sommermonate steigt zuweilen ein Wanderer den Berg empor, doch im Winter versperren Schnee und Eis oft für Wochen den Weg. Menschen und Tiere sind dann auf dem Bauernhof hoch oben ganz auf sich selbst gestellt.

An der von Rauch geschwärzten Küchendecke hängt der langsam abnehmende Speckvorrat des letzten Winters, im feuchtwarmen Stall rasseln die Kühe an ihren Ketten, und in der Werkstatt lehnen die Holzrechen, die im letzten Sommer beim Heumachen einen Teil ihrer Zähne verloren hatten und von Johann Neumair, dem Besitzer des Hintereggerhofes, während der langen Wintertage Stück für Stück wieder ersetzt worden waren.

Nach dem kurzen Almsommer frieren die langen Winternächte mit Schnee und Eis das Alltagsleben auf dem Berghof ein. Seit 1932 erlebt Johann Neumair diesen Wechsel der Jahreszeiten, aufgeteilt in die wenigen Monate, in denen unter dem Einsatz aller Kräfte die Vorräte für Mensch und Tier gesammelt werden müssen und denen dann die Zeit des bangen Hoffens folgt, ob die Gemeinschaft Berg, Natur und Mensch auch diesen Winter schadlos übersteht. Denn das ist auch im 20. Jahrhundert noch nicht selbstverständlich: Vor drei Jahren, im benachbarten Lajen, mußten nach einem trockenen Sommer die Bergbauern einen Teil ihres Viehs schlachten, weil die Heuvorräte während des Winters nicht mehr ausreichten und das Vieh sonst hätte hungern müssen.

Von seinem Vater hat Johann Neumair die Einsamkeit eines Bergbauernhofes geerbt. Blumen schmücken den Herrgottswinkel in der Stube, Eckbank, Tisch und Dielenbretter sind aus massivem Holz. Über dem Herd in der Küche hängen Töpfe und Pfannen, das Geschirr stapelt sich in einem schmalen Küchenschrank. Alles, was man zum Leben, Arbeiten, Schlafen und Sterben braucht, ist unter einem Dach gesammelt. Und immer wieder trifft man auf Heiligenbilder und Kreuze: Symbole der Hoffnung auf Erlösung und Versprechen von einem besseren Leben. Denn das tägliche Brot auf den Bergbauernhöfen ist schwer zu verdienen, eine Plackerei für Mensch und Tier. Wenn da kein Vertrauen wäre, daß das Gras im Herbst zwei Fingerbreit Heu liefert, daß das Korn auch aufgeht, daß Muren und Lawinen Felder und Höfe verschonen und nicht in das Tal reißen und daß nach dem Winter wieder der Sommer in das Tal kommt, »so hätten wir keine Kraft«, erklärt der Bauer, »hier zu leben«. Auf dem Hof des Hinteregger, weit oberhalb der Pfarrkirche von Pfunders, sind die Menschen Gott ein ganzes Stück näher als im Tal.

»Der Segen muß auf dem Hof liegen«, beschwört auch die Bäuerin. Ihr Leben lang hat sie gearbeitet, vier Kindern das Licht der Welt geschenkt. Der Segen, das sind für sie Gesundheit, Milch und Butter. Der Fluch? Wenn ein Bauer alt wird und keine Frau bekommt. Dann verödet der Hof, und die Natur holt sich wieder, was der Mensch über Generationen ihr mühsam abgerungen hat.

Lawinen, Wildwasser und Muren sind die kräftigsten Naturgewalten, die die Menschen im Tal fürchten. Pfunders liegt in einem der lawinengefährdetsten Täler Südtirols. Die ersten dokumentierten Nachrichten über den »Weißen Tod« reichen bis in das 17. Jahrhundert zurück. Am 7. Februar des Jahres 1889, so ist in der Pfarrchronik von Pfunders niedergeschrieben, sind bei Lawinenabgängen 27 Menschen ums Leben gekommen. Bis in unsere Tage reicht diese Chronik, immer wieder versucht die Natur, sich den Talraum zurückzuerobern, und immer wieder leisteten die Menschen erbittert Widerstand. Zu einer der letzten großen Katastrophen kam es im Winter 1959/60: Am 29. Januar um 5.45 Uhr morgens ging an den Hängen der Egger-Bergwiesen nach starken Stürmen eine Staublawine los. In ihrem Sturz riß sie zunächst eine kleine Bergsäge mit sich und begrub dann den Dorferhof des Bauern Alois Weissteiner. Die Schneemassen überraschten den Bauern, seine drei Söhne sowie eine Magd. Vom Wohnhaus blieb nur der gewölbte Flur stehen, das Futterhaus wurde vollständig zertrümmert.

Aber nicht nur wegen der ergiebigen Schneefälle im Winter kommt es in Pfunders häufiger zum Abgang von Lawinen, sondern verantwortlich dafür sind auch die steilen Berghänge. Doch was im Winter zur Gefahr wird, garantiert im Sommer die Existenz der Bauern und ist auch heute noch dafür verantwortlich, daß über zwei Drittel der Bauernhöfe in Pfunders landwirtschaftliche Vollerwerbsbetriebe sind. Denn die mürben Gesteine an den Hängen, die mit brüchigen Kalkglimmerschiefern durchsetzt sind, verwittern leicht und geben nährstoffreiche Böden ab, auf denen saftiges Gras wächst. Während im Sommer die Kühe auf den Almen weiden, liefern diese Bergwiesen den Bauern einen Großteil der Futtervorräte für den Winter. Doch die Ernte auf den abschüssigen Berghängen ist mühsam und kostete schon so manches Leben. Keine Maschine erklettert die Steigung, und so bleibt es schweißtreibende Handarbeit mit Sense und Rechen: Bis zu 1700 Meter steigt Johann Neumair in die Berge, um von dort Ende Juli, Anfang August das mühsam gemachte Heu zum Teil in Kraxen auf dem Rücken in die Scheune einzubringen. Alleine für seine Kühe braucht er durchschnittlich über zwölf Tonnen pro Winter.

Insgesamt gibt es 43 landwirtschaftliche Betriebe in Pfunders mit einer durchschnittlichen Nutzfläche von sieben Hektar. Zusammen bewirtschaften sie die 703 Hektar große Gemeinschaftsalm, für die es insgesamt 373 Grasrechte gibt. Erzeugt werden pro Hof durchschnittlich 18000–20000 Liter Milch pro Jahr, und das Milchgeld ist auf den Höfen das einzige Einkommen. »Man lebt vom Sparen«, erläutert Florian Weissteiner, der Bauernobmann von Pfunders, »wirtschaftliches Ziel der meisten Bauern in diesem Tal ist daher zwangsläufig noch die Selbstversorgung.«

Nur bei neun Bauern in Pfunders stehen Pferde im Stall. Einer von ihnen ist Herrmann Huber vom Pichlerhof. Seit zwei Jahren hat er einen Haflinger, der ihm Sommervorräte auf die Almen trägt, Heu einfährt, aus dem Stall den Mist zieht und damit auch die Äcker düngt und der auch während des Winters beim Holzrücken in den Wäldern eingesetzt wird.

Bevor Herrmann Huber sein Pferd hatte, mußte er noch alles selbst tragen. »Ein Pferd ist billiger als eine Maschine«, erklärt der junge Bergbauer seine Wirtschaftsstrategie, »im Sommer frißt es auf der Weide, im Winter bei den Kühen.« Für die Bearbeitung der steilen Hänge ist und bleibt das Pferd der einzige Helfer des Bauern, den auch die teuersten technischen Geräte nicht ersetzen können. Ohne Pferd, so schätzt Herrmann Huber, würde sein Ertrag um die Hälfte sinken. Aber auch mit Pferd kann er nicht nennenswert gesteigert werden: Die Jahreszeiten und das Gelände setzen einer Steigerung der Erträge natürliche Grenzen. »Ohne die Bergbauern aber«, davon ist Florian Weissteiner überzeugt, »wäre das Tal praktisch ein Lawinental.« Der Schnee würde dann doppelt so oft in das Tal rutschen und verheerende Verwüstungen anrichten, wenn auf den Bergwiesen das Gras nicht kurzgehalten würde.

Nachdem auf den Bergbauernhöfen rund um Pfunders nicht mehr produziert und damit auch nicht das Einkommen der Familien gesteigert werden kann, sind die Menschen wie seit Jahrhunderten immer noch darauf angewiesen, einen Großteil ihrer Arbeitskraft für die Selbstversorgung aufzuwenden.

Die Höfe liefern immer noch, was ihre Bewohner zum Leben brauchen: Kartoffeln und Roggen, Fleisch, Milch, Käse und Butter. Deutlich wird dies an den zahlreichen Getreideparzellen, die meist nicht in den Talböden, sondern an den unteren Hanglagen anzutreffen sind, vor allem an den hohen und abgelegenen Höfen. Roggen spielt hier die wichtigste Rolle. Er ist wenig empfindlich gegen die Kälte, gibt andererseits aber viel Stroh und damit Streu für den Stall und das Vieh ab.

Selbstversorgung und Autarkie, das sind in Pfunders nicht etwa modische Erscheinungen, sondern eine jahrhundertalte Tradition, die in der Einsamkeit eines jeden Winters auf den Berghöfen jährlich aufs neue gelebt werden muß. Und solange es diese Bauern noch gibt, haben auch die Handwerksberufe am Ort noch eine Existenzmöglichkeit: Schreiner und Zimmermann, Schmied und Schuster. In Pfunders gibt es heute den Schindelschnitzer ebenso noch wie den Stroh- und Korbflechter: Nicht Touristen und Souvenirläden erhalten diese Dorfgemeinschaft am Leben, sondern der Bedarf auf den bewirtschafteten Berghöfen und Almen garantiert auch dem Handwerk das tägliche Brot.

Vom Berg aus betrachtet, hat sich wie ein Netz das moderne Leben über das Tal gelegt, haben Telefonleitungen und Strommasten ihre Fäden über die Hänge gewebt und Teerstraßen die Steigungen bezwungen, doch unter diesem Teppich der modernen Infrastruktur hat das Tal weitgehend noch seine Selbständigkeit und Unabhängigkeit bewahrt. Doch die Höhenzüge der umliegenden Berge verstellen schon lange nicht mehr den Blick ihrer Einwohner auf die übrige Welt: Jeden Abend, wenn die Kühe versorgt sind und die Arbeit des Tages getan ist, sitzt Johann Neumair wie auch andere Bergbauern vor dem Fernsehgerät: »Auf die Nachrichten«, erklärt er, »möchte ich nicht verzichten. Hat Tschernobyl eigentlich auch für uns Folgen?«

Wieland Simon

# Zum Trotz sich erhalten

## Eine Familie will nicht aufgeben

»Solange nichts dazwischenkommt, können wir hier oben leben«, sagt Franz Oberstaller, ein kantiger Südtiroler Bergbauer, dem das harte Leben in den Bergen so manche Furche ins Gesicht gegraben hat.

800 Meter über dem Pustertal liegt der Hof, den er mit seiner Frau Maria und den vier Kindern bewohnt. Wobei man von einem Hof eigentlich kaum noch sprechen kann. Alles ist Flickwerk an dem Haus, dessen Grundmauern aus dem 16. Jahrhundert stammen. Halbverfallen ist schon die Vorderfront, wo Wind und Wetter das dunkelbraune Holz gezeichnet haben. Der schneeweiße Kalkputz bröckelt an allen Ecken. An mehreren Stellen wurden Löcher im Gemäuer notdürftig wieder zugemauert, mal mit Ziegelsteinen, mal mit jenen Felsbrocken, wie sie sich rund um den Hof zuhauf finden. An der Rückseite des Oberstaller-Hofes soll eine große Plastikplane verhindern, daß der kalte Wind durch Ritzen und Risse ins Haus hineinbläst. Das mit kleinen Felsbrocken beschwerte Dach ist undicht.

Neben dem Hauseingang hängt ein Kruzifix. Drei steinerne Stufen führen hinauf zur Tür, die schlecht schließt. Drinnen zieht es aus allen Ecken, und man spürt mit Beklemmung die Feuchtigkeit, die durch das altersschwache Dach dringt. Nur zwei Räume des ganzen Gebäudes sind wirklich bewohnbar: die Küche und der Wohnraum, wobei der gußeiserne Kanonenofen das ganze Jahr über kaum Wärme in die gerade mannshohen Zimmer bringt. Die als Schlafräume benutzten Zimmer sind erbärmlich kalt und klamm, jedermann muß sofort erkennen, daß in ihnen ein gesunder Schlaf nicht möglich ist.

Der neun Jahre alte Johannes, das zweitälteste der vier Kinder, hat das schon am eigenen Leib schmerzhaft erfahren müssen. Machtlose Ärzte standen schon allzuoft an seinem Bett: durch die ständige, feuchte Kälte, den Aufenthalt in den oft klirrend kalten Schlafstätten, hat seine Gesundheit nicht wiedergutzumachenden Schaden genommen. Die linke Niere mußte ihm bereits im Alter von sechs Jahren entfernt werden, desgleichen die beiden Harnleiter. Johannes ist ein eher zarter Junge, musisch veranlagt und »vielseitig begabt«, wie einmal in seinem Zeugnis zu lesen stand. Ein gutes Dutzend Operationen hat er bislang über sich ergehen lassen müssen; fast hat er mehr Zeit im Krankenhaus als in der Schule verbracht. Dennoch ist er froh, daß es nicht noch schlimmer gekommen ist.

Jeder Arzt würde darauf bestehen, daß Johannes eine strenge Diät einhält. Doch daran ist nicht zu denken. Die Oberstallers leben fast ausschließlich von dem, was der karge Boden des Berges hergibt: verschiedene Rübensorten und viel zu klein geratene Kartoffeln. Was sonst noch ins Haus kommt, wird auf die schlechte Gesundheit des Buben abgestimmt: Mutter Maria kocht salzlos, die ganze Familie ißt mit.

Manuela, die älteste Tochter, ist zwölf. Sie besucht die Mittelschule drunten im Tal und lebt die Woche über im Dorf. Eine Verwandte der Mutter nimmt sie an diesen Tagen in ihrem Haus auf, Manuela hilft dafür im Haushalt. Von allen Kindern ihrer Familie unterscheidet sie sich am wenigsten von den Kindern im Dorf, was ihr Berufswunsch belegt: Verkäuferin möchte sie einmal werden. Sollte sie einmal ihre Vorstellung verwirklichen, dann wäre das gleichbedeutend mit dem endgültigen Abschied vom Leben einer Bergbäuerin. Denn für die acht Kilometer vom Dorf hinauf zum Oberstaller-Hof braucht man schon bei gutem Wetter rund zwei Stunden, und diesen Weg nehmen die Bergbauern nur dann auf sich, wenn es gar nicht anders geht.

Der ›Jungbauer‹ in der Familie ist Robert. Zwar ist er erst sechs Jahre alt, doch er erledigt schon seinen eigenen Teil der Arbeit, die auf dem Hof anfällt. Er hilft den Stall auszumisten, hackt Kleinholz und wendet das Heu mit dem großen hölzernen Rechen, neben dem er selbst beinahe winzig wirkt. Für die braunen Hühner, die den ganzen Tag rund um das Haus gackern, ist Robert sogar allein zuständig. Er ist stolz darauf, wenn es auch gelegentlich zum Schmunzeln anregt, wie er, schier in jeder Bewegung, den Vater nachahmt. Hin und wieder treibt der Junge mit seinem Vater auch ein Kalb oder ein paar Schafe zum Markt, was in der Regel dann geschieht, wenn wieder einmal das Geld nicht reicht.

Umgerechnet 450 Mark monatlich bringt der Familie Oberstaller die Milch der fünf Kühe, die sie im Stall stehen haben. Dabei kommt sie noch gut weg. Denn die Milch, die die Bergbauernhöfe liefern, ist weitaus besser als die der Talgehöfte, so daß fast immer ein guter Preis zu erzielen ist. Doch das Milchgeld ist schon die Haupteinnahmequelle der Familie. Hinzu kommen lediglich etwa 280 Mark monatliche ›Familienzulage‹, wie das Kindergeld in Südtirol genannt wird.

Doch allein Johannes' Behandlung durch den Arzt und die Medikamente kosten im Monat durchschnittlich 150 Mark. Vom Rest des Geldes müssen Schulden zurückbezahlt und alle Kosten für Anschaffungen und Lebensunterhalt bestritten werden: Sparen ist nicht möglich.

Und daran zeigt sich der Teufelskreis, in dem die Oberstallers stecken. Da sie buchstäblich von der Hand in den Mund leben, können sie niemals langfristig planen, nie das wenige Geld so einteilen, wie es über den Tag hinaus am sinnvollsten wäre. So können sie beispielsweise Heu erst dann kaufen, wenn sie es brauchen; doch dann ist es meist am teuersten. Wenn sie Geld brauchen und notgedrungen ein Tier zum Markt führen, müssen sie es nahezu ›um jeden Preis‹ verkaufen. Und da wird man dann im Preis so gedrückt, daß es sich wahrhaftig nicht lohnt. Einmal war es so schlimm, daß Franz Oberstaller ein Kalb wieder den Berg heraufgebracht hat, auf dieselbe Weise, auf die er es vorher ins Tal geschafft hatte – mit dem Lastenaufzug.

Dieses eine Mal war damals, als er gerade den Schafstall bauen wollte. Wie so viele Bergbauern glaubte er, mit der Schafzucht ein bißchen besser leben zu können. Die Milchwirtschaft, die seine Vorfahren seit Jahrhunderten ernährt hat, schien ihm hier oben am Berg keine Zukunft mehr zu haben.

»Aber das ist alles ganz anders gekommen«, sagt er heute. Die Wolle, vor allem aber das Schaffleisch, ließen sich nicht so recht verkaufen, schon gar nicht zu vernünftigen Preisen. Auch für die Bergbauern ist der Atomkraftwerksunfall im fernen Tschernobyl nicht ohne Folgen geblieben. Das war für Franz Oberstaller besonders schlimm, weil er für den Aufbau des Schafstalls einen Kredit aufgenommen hatte, den er inzwischen zurückzahlen muß. Wenn es aber ohnehin für ihn und seine Familie kaum zum Leben reicht und die erhofften Einnahmen nun ausbleiben – wovon soll er dann seine Raten bezahlen? Hilfe in der Not kommt bisher noch von den Großeltern.

Sonja Oberstaller, die Mutter von Franz, lebt ›bei den Jungen‹; die Großeltern als Teil der Großfamilie sind in Südtirol auch heute noch nichts Ungewöhnliches. Vinzenz, der Großvater, ist zwar vor fast 20 Jahren gestorben. Seiner Frau Sonja hat er aber eine bescheidene Rente hinterlassen. Es ist nicht viel, trotzdem hilft sie ihren Kindern immer wieder mit Geld aus.

Auch Marias Eltern sind für die junge Familie eine wichtige Stütze. Selbst Bergbauern, können sie die Not und das Elend verstehen – und so haben sie lange gespart, bis sie einen kleinen Gebrauchtwagen kaufen konnten, mit dem ihre Tochter Maria jetzt den Johannes zur Behandlung ins Krankenhaus in das 150 Kilometer entfernte Innsbruck bringen kann.

Natürlich gibt es auch in Südtirol Krankenhäuser. Sie stehen aber unter staatlicher Leitung, und das heißt in Südtirol nun einmal unter der des italienischen Staates. Dadurch aber wird alles noch viel schwieriger. Denn vor zwei Jahren, da hat sich die Mutter Oberstaller geschworen, daß sie ihren Sohn nie mehr in ein italienisches Krankenhaus bringen wird. Das war an jenem Tag, als der Junge seinen bis dahin schwersten Anfall hatte. Leichenblaß war er da in der Ambulanz gelegen, fast eine Stunde, ohne daß sich jemand um ihn gekümmert hat.

»An dem Tag hab' ich glaubt, er stirbt mir!« erzählt Maria Oberstaller kopfschüttelnd. Noch heute ist sie fest davon überzeugt, daß für einen italienischen Jungen sofort ein Arzt zur Stelle gewesen wäre, daß verhohlene Feindseligkeit Anderssprachiger ihrem Buben damals fast das Leben gekostet hätte.

Mag es auch nur die Aufregung einer besorgten Mutter gewesen sein, die sie zu einem solchen Verdacht verleitet hat: der Zwischenfall zeigt dennoch, daß Bergbauern in Südtirol noch ein wenig schlechter dran sind als in anderen Teilen der Alpen. Nur wenige unter ihnen fühlen sich als Italiener, und die italienische

Amtssprache ist vielen Südtirolern fremd. Das Verhältnis zu staatlichen Einrichtungen ist durchwegs gespannt. Eine Hilfe vom Staat bei Notfällen erhoffen sich viele Bergbauern Südtirols deshalb zuallerletzt.

Für fast alle Erschwernisse ihres Lebens sind die Oberstallers nicht selbst verantwortlich. Daß der Preis für ihre Milch im weit entfernten Brüssel festgelegt wird, wo man Bergbauern eher aus Statistiken kennt, darüber regen sie sich nicht zu sehr auf. Daß die meisten Preise mit den Jahren immer schneller zu steigen scheinen, während die Bauern am Berg schon froh sind, wenn sie ihre Milch nicht billiger weggeben müssen, sorgt sie – aber auch das ist nicht neu. Daß ihnen jedoch das Haus, das seit fünf Generationen ›der Oberstallerhof‹ ist, langsam aber sicher ›unter den Füßen wegrutscht‹, das können sie nicht verstehen. Schon heute ist das Gebäude so stark geneigt, daß der Ball der Kinder von einer Ecke des Zimmers in die andere rollt, ohne daß man ihn anstoßen muß. Muren und Lawinen sind wohl für Bergbauern nichts Neues. Daß aber der Berg nach und nach den Halt zu verlieren scheint, das bedroht buchstäblich ihre Lebensgrundlage. Deshalb sollen große Balken hinter dem Oberstaller-Hof das Schlimmste verhindern. Schräg in den Boden gerammt, stützen sie an einer Abbruchkante das Erdreich, sollen sie ein weiteres Abrutschen unmöglich machen. Doch das schiebt die Katastrophe nur auf, wird sie nicht verhindern können.

Nur einen Steinwurf oberhalb des Oberstaller-Hofes stehen tote Bäume am Rande des Bergwaldes. Lichte Kronen, abgestorbene Äste erinnern daran, daß es in den Wäldern der Alpen kaum noch gesunde Bäume gibt. Die Baumgrenze liegt hier, auf der Südseite der Alpen, bei mehr als 1800 Metern über dem Meer. Das Haus der Familie Oberstaller befindet sich noch 200 Höhenmeter darunter. Wenn das Sterben des Bergwaldes nicht doch noch aufgehalten werden kann, wird der Hof irgendwann über der Baumgrenze liegen. Fehlt der Schutzwald, drohen Wasserstürze, Muren und Lawinen. Und dann wird es wohl keinen Oberstaller-Hof mehr geben.

Franz und Maria Oberstaller wissen das, schließlich erfährt

man doch immer wieder etwas darüber. Doch sie wissen keinen Ausweg.

»Unseren eigenen Grund haben wir nur hier oben!« sagt sie, die selbst von einem Bergbauernhof stammt, der nur zwei Kilometer von ihrem entfernt liegt. Und ihr Mann, der in einem alten, verwaschenen blauen Pullover und einer groben, braunen Arbeitshose am Küchentisch sitzt, fügt hinzu:

»Was wollen wir denn da drunten im Tal? Da könnte ich höchstens als Saisonarbeiter Obst pflücken. Und davon könnte ich meine Familie erst recht nicht ernähren!«

In einer ausholenden Bewegung fahren seine Hände bei diesen Worten über die Wachstuchdecke, die auf dem Küchentisch liegt. Der Tischdecke sieht man ihr Alter ebenso an wie den wenigen Küchenmöbeln, die allesamt noch aus den ersten Ehejahren von Franz und Maria Oberstaller stammen: Da sind ein Preßspanschrank, dessen Resopalverkleidung bereits an allen Kanten abbricht, ein alter Herd, den sie schon gebraucht übernommen haben, und ein Marienbild. Von der notdürftig ausgebesserten Decke pendelt eine einzelne Birne, deren fahles Licht den kahlen Raum auch nicht gerade wohnlicher macht. Der Widerspruch zwischen überlieferter Lebensweise und moderner Zeit ist spürbar.

Doch die Oberstallers können damit leben. Sie sind Menschen unserer Zeit, und das nicht nur, weil ein altes Schwarzweiß-Fernsehgerät sie täglich mit ›der Welt draußen‹ verbindet, von der sie sonst die Abgeschiedenheit ihres Hofes trennt. Sie machen sich nicht viele Gedanken darüber, daß ein Leben als Bergbauer so ganz anders ist als das der meisten Menschen. Sie sind es so gewohnt. Sie brauchen nicht den Lärm, die Hast und die Unstetigkeit der Leute drunten im Dorf. Auch nicht den ›Wohlstand‹ dieser Leute, der oft genug mit Abhängigkeiten erkauft werden muß.

Franz Oberstaller ist gewarnt. Josef Gstetner, ein Nachbar, mit dem er schon in die Zwergschule hier am Berg, etwa auf halbem Weg ins Tal, gegangen ist, wollte seinen Hof durch den Fremdenverkehr retten. Hoch mußte der sich verschulden, um ein neues Haus hinzustellen, ein Haus mit vielen Betten für die gewünschten Gäste. Und obwohl er fast alles selbst machte, vom Mauern bis zum Dachdecken, waren die Schulden am Ende so hoch, daß er noch viel schlechter dastand als vorher. So kommt es, daß er heute allzuoft ›dem Roten‹ zuspricht – und nun muß seine Frau den Hof und das neue Haus fast allein versorgen.

So soll es der Maria Oberstaller nicht ergehen. Doch ihre Zukunft und die der ganzen Familie ist ungewiß. Schließlich hat sich ihre Lage in den letzten Jahren stetig verschlechtert. Eine Wende ist nicht in Sicht.

Aber sie wollen dieses ganz andere Leben hoch oben am Berg nicht einfach aufgeben. Für die Eltern ist es sogar die einzige Lebensart, die sie sich für sich vorstellen können. Ob die Kinder später in ihrem Leben ohne den freien Blick übers Tal oder über Nebelwolken, ohne die Abgeschiedenheit, die kaum vorstellbare Ruhe des Bergbauernhofs leben werden, weiß niemand. Ohne diese Landschaft, die auch die Menschen prägt, die hier leben.

Denn Franz, Maria, Manuela, Johannes, Robert, Susi und Sonja – das ist nicht einfach eine große Familie, die zufällig auf einem Bauernhof in großer Höhe lebt. Auch wenn ihre Heimstatt alles andere ist als ein Idyll: sie selbst gehen miteinander auf eine ganz besondere Weise um. Obwohl man zu spüren glaubt, daß jeder sich auf den anderen angewiesen weiß. ›Ein jeder trage des anderen Last‹ – das ist hier offenbar der bestimmende Gedanke. Und doch vermittelt die Familie nicht den Eindruck einer Notgemeinschaft, die in besseren Zeiten sofort auseinanderbrechen würde: ganz im Gegenteil! Die Eltern widmen sich ihren Kindern mit liebevoller Geduld, die Kinder danken es ihnen mit seltener Herzlichkeit. Susi, das dreijährige Nesthäkchen, ist der Liebling der Familie. Und die Großmutter gehört ganz selbstverständlich dazu. Undenkbar die Vorstellung, daß sie als älterer Mensch eine ungeliebte Belastung der Jüngeren sein könnte.

Es liegt wohl nicht in der Art eines Bergbauern, allzu schnell aufzugeben. Wer immer wieder bis aufs Äußerste gefordert wird, kann auch Schicksalsschläge verkraften, die für einen andern zuviel wären. Doch das gilt sicher nicht unbegrenzt. Und wenn man Franz Oberstaller fragt, ob er sich vorstellen kann, daß auch seine Kinder noch Bergbauern sein werden, gibt er mit ganz leicht zitternder Stimme eine Antwort, die einem bekannt vorkommt:

»Sicher können sie hier oben leben – solange nichts dazwischenkommt!«

## »Zum Trotz sich erhalten«

Nur zwei Zeilen in einem Flugblatt der »Stillen Hilfe« reichten aus, um der Familie Oberstaller eine Chance zum Neuanfang zu geben.

Ich erinnere mich genau: Es war ein hektischer Arbeitstag, die Telefone läuteten nur in wenigen Minuten Abstand. Kurz vor der Mittagspause dann der Anruf von Gabriele Mooser, einer freien Journalistin in München:

»Hallo, ich hab' von der Südtirol-Aktion gehört, brauchst du da Unterstützung?«

»Ja klar, kannst du was machen?«

Die Möglichkeit, in einer anderen Abteilung des Bayerischen Fernsehens einen Film über Südtiroler Bergbauern unterzubringen, freute mich. Gabriele Mooser arbeitete auch für das »Familienjournal«, und da werden, wie sie mir erklärte, des öfteren konkrete Notfälle vorgestellt.

Ich blätterte hastig in den Akten, die mir Gerhard Bletschacher überlassen hatte. Eine lange Reihe von Namen, mit kurzen Sätzen, aus denen man die Notlage oft nur erahnen konnte:

*»Wwe. O. Al. in A., vier Kinder. Um den Hof weiter bewirtschaften und für die Kinder unterhalten zu können, muß ein Zuschuß für einen landwirtschaftlichen Arbeiter gewährt werden.*

*H. BE. in Pf., elf Kinder. Benötigt dringend eine Zahnbehandlung.*

*Wwe. L. En. in Ra., fünf Kinder. Nothilfe wegen des Todes des Mannes bei Holzfällerarbeiten.*

*A. Ma. in St. L., sechs Kinder. Schulden wegen eines Brandunglücks. Dringend notwendige Erneuerungsarbeiten bei einem extrem hochgelegenen Hof.*

*J. Un. in La., elf Kinder. Alm abgebrannt, allein nicht in der Lage, Wiederaufbau zu finanzieren.*

*Wwe. E. T. in Scha., sieben Kinder. Durch den Tod des Mannes in großer Not.*

*R. We. in Te., vier Kinder, Bauer Invalide, große Notlage.*

*V. Ob. in Ra., fünf Kinder, Bauer Invalide, Hofsanierung dringend notwendig.*«

Eine Elendsliste, die kein Ende nimmt, und von der ich weiß, daß ständig neue Namen hinzugefügt werden müssen. Mein Finger streicht unschlüssig über die Namen. Wen soll ich vorschlagen?

Ich gebe mir einen Ruck, tippe auf »*Fam. O. in P., fünf Kinder, langwierige Erkrankung, sanierungsbedürftiger Hof in extremer Lage*«.

»Komm' mal her, ich habe eine Adresse, ich hole mir noch die Akten, die mehr aussagen als die wenigen Hinweise des Flugblattes.«

Tage später sitzen wir mit der Redakteurin des »Familienjournals« (das eigentlich nur über Fälle im Inland berichtet), Hannelore Meyer-Bredfort, in der Kantine des Bayerischen Fernsehens in Freimann, diskutieren das Pro und Kontra einer solchen ›Auslands-Berichterstattung‹. Schließlich ist dann doch das Argument ausschlaggebend, daß wir Deutschen doch dort unmöglich unseren Urlaub verbringen können, wo Bergbauern, die diese ›Erholungslandschaft gestalten und erhalten‹, in bitterster Not darben.

Nach drei Tagen macht sich Gabriele Mooser auf den Weg nach Südtirol.

Spätabends ihr Anruf: »Du kannst dir die Not nicht vorstellen! Aber ich bin sicher, daß wir den Oberstallers helfen können.«

Tausende haben schließlich geholfen, die Not der Oberstallers zu lindern und ihnen eine Chance zu geben. Als ich nach Monaten von der Summe höre, die ihnen einen neuen Start ermöglichen konnte, denke ich an die Liste der Namenlosen, aus der ihr Name von mir willkürlich ausgewählt worden war.

Aber wer hilft den anderen?

Beispielsweise der »Wwe. E. T. in Scha.«, nach dem Tod ihres Mannes allein mit Berghof und fünf Kindern.

## Mit der Flut kam die Not

### Über Nacht wurde das Martell-Tal zur Schlammwüste

Was in der Nacht vom 24. auf den 25. August 1987 in Gand innerhalb von Augenblicken geschieht, wird einige Monate später die Münchener Journalistin Gabriele Mooser vom Familienfunk des Bayerischen Rundfunks sorgsam nachvollziehen: Die Geschichte einer ungeheueren Flut von Wasser, Felsbrocken, Geröll, Bäumen und Schlamm, die binnen weniger Minuten ein wohlbestelltes Tal in eine Schlammwüste verwandelt. Und die Geschichte einer Dorfgemeinschaft, die von einer Katastrophe unversehens in zwei Gruppen, in die der Besitzenden und die der Obdachlosen, zerrissen wird.

Abermals erklärt sich das Bayerische Fernsehen bereit, mit einem Bericht die Öffentlichkeit auf den Plan zu rufen.

Als die Journalistin zum erstenmal nach Gand kommt, ist sie regelrecht schockiert: Nichts erinnert mehr an das idyllische Tal, das sie auf Postkarten, Bildern und in einem Buch gesehen hat und in das nicht nur die Fremden so gern kamen. Sie sieht statt dessen eine zähe Schlammwüste, aus der zentnerschwere Felsbrocken meterhoch herausragen. Häuserreste, zerfetzte Mauern, Balken, zerschmetterte, plattgedrückte Autos, wild verstreute Gebrauchsgegenstände. Der Boden ist teilweise abgeschliffen, als hätte ein riesiger Spaten darübergekratzt, mancherorts stehen nackte Bäume, ihrer Rinde beraubt; glattgescheuert ist der Untergrund, und blank glänzen Wurzeln jener Bäume, die wie durch ein Wunder stehengeblieben sind; andernorts haben sich noch morastige Massen, Murenschutt und Tümpel erhalten.

Durch die Geröll- und Schuttmassen hat man Wege gebahnt, um zu den verschiedenen Häusern zu gelangen, die noch erhalten sind. Von den Straßen, die es hier einmal gab, ist nichts mehr zu sehen. Dröhnend arbeiten Bulldozer, um dem Chaos Herr zu werden. Und der Bergbach Plima, der das Unheil über das Dorf gebracht hat, plätschert scheinbar harmlos, wenn auch noch mit einer dreckigbraunen Farbe, durchs Tal.

Erst nach und nach kann sich Gabriele Mooser ein einigermaßen vollständiges Bild jener Nacht machen, die in die Chronik des Martell-Tales als ihre schwärzeste eingehen wird. Den Ablauf der Katastrophe erfährt sie schnell von allen, mit denen sie spricht. Und aus der Schilderung vieler Schicksale Gander Bürger setzt sich ein Bild der Not mosaikartig zusammen.

Die Katastrophe für die Gemeinde Gand beginnt mit dem Funkspruch vom Zufritt-Staudamm:

»Wir müssen sofort die große Schleuse öffnen. Rettet euch, schnell, solange ihr noch könnt!«

Diese Situation, diesen Alptraum der Verantwortlichen, hatten manche in Gand bereits befürchtet. Denn der Wasserspiegel hinter dem Anfang der fünfziger Jahre errichteten Zufritt-Staudamm war in den Wochen zuvor bis knapp unterhalb der Dammkrone gestiegen. Nun hatte es noch tagelang unaufhörlich geregnet. Bäche, die sonst nur unscheinbar zu Tal plätschern, hatten sich in reißende Wildbäche verwandelt und bereits Geröll und Schuttmassen in den Stausee geschwemmt.

Die Lage in jenen Augusttagen spitzt sich dadurch noch zu, daß droben in der Gletscherregion, bis weit über 3000 Meter über dem Meer, ein ungewöhnliches Tauwetter einsetzt! Und es regnet auch noch dort droben! Die üblicherweise ausreichend großen Betten der Gebirgsbäche werden innerhalb kürzester Zeit mit Geschiebe und Wassermassen gefüllt, die Wildbäche treten über ihre Ufer.

Auch der Plima-Bach, dessen Bachbett sich in mehreren Windungen durch das Tal und das Dorf Gand zieht, ist am Vortag der Katastrophe schon fast bis zum Uferrand gefüllt. Der Feuerwehrhauptmann läßt schon Streckenposten am Bach aufziehen, um das Dorf rechtzeitig warnen zu können, sollte der Wildbach über seine Ufer treten. Als die Warnung vom Staudamm eintrifft, ist es den Männern klar, was das bedeutet: das Bachbett der Plima wird, trotz der in den letzten Jahren getroffenen Verbauungsmaßnahmen, die zusätzlichen Wassermassen nicht mehr aufnehmen können.

Das ganze Dorf ist in höchster Gefahr!

Die ersten Männer laufen los, um zu warnen und um sich und die Ihren in Sicherheit zu bringen. Um so eigenartiger scheint es, daß die wenigsten im Dorf die Warnung tatsächlich ernst nehmen. Manche laufen sogar erst noch zurück ins Dorf, um etwas zu holen. Ist es die Gleichgültigkeit, die man entwickeln muß, wenn man in der Nähe eines Staudamms wohnt und sich nicht jeden Tag von dem Gedanken an einen möglichen Dammbruch verderben lassen will? Oder ist es die Gelassenheit der im Gebirge Lebenden, deren Vorfahren im Lauf der Jahrhunderte immer wieder von Naturkatastrophen heimgesucht wurden?

Was auch immer der Grund sein mag – jedenfalls machen sich die Bewohner von Gand fast gemächlich daran, sich in Sicherheit zu bringen. Gemächlich zumindest in Anbetracht der Tatsache, daß die drohende Flutwelle innerhalb weniger Minuten die Ortschaft erreichen muß. Da packt der eine noch eben seine Wertsachen zusammen, lädt der andere noch die ganze Familie ins Auto und verstaut Gepäck. Die Warnung hat man gehört – doch so schlimm wird es schon nicht kommen!

Doch es kommt schlimm.

Denn droben am Staudamm kämpft ein Mann mit den Tükken der Technik. Giovanni Spada ist einer der beiden Schleusenwärter des Zufritt-Staudamms. Er ist an diesem Montagabend allein auf der Staumauer, 1850 Meter über dem Meer. Schon am Nachmittag hat er versucht, telefonisch die Erlaubnis zum Öffnen des Überlaufs an der Dammkrone zu erhalten. Doch die zuständigen Techniker in Bozen und Kastelbell hatten sie ihm zunächst verweigert. Als er sie am Abend des verhängnisvollen Tages dann doch noch erhält, ist es zu spät. Der Überlauf kann nicht mehr fassen, was sich vom Himmel und aus Bächen ständig weiter in den See ergießt. Schließlich muß zum letzten Mittel gegriffen werden: Schleusenwärter Spada muß den Grundablauf des Dammes öffnen. Er gibt den Weg frei für einen gewaltigen Wasserstrom, der nun, höllisch donnernd, durch das Schleusentor zu Tal schießt.

Indessen haben im Tal die ersten Bewohner Gands den Dorfrand erreicht, während noch immer die Männer von der Freiwilligen Feuerwehr umherrennen und schreien: »'s Wasser kimmt! Kommt's schnell! Den Hang 'rauf!«

Mit Fackeln oder mit Taschenlampen kommen die Bauern aus ihren Häusern, beunruhigt und zweifelnd, verlassen zögernd die festen, sicher scheinenden Mauern ihrer Häuser. Mütter laufen durch die Nacht, auf der Suche nach ihren Kindern, von denen sich nicht wenige noch bei Nachbarn aufhalten. Schließlich hasten immer mehr Menschen die Berghänge hoch, werden immer schneller. Sie wissen, daß tödliche Gefahr droht.

Denn aus der Ferne hört man schon einen ungewohnten, unheimlich dumpfen Ton.

Dann ist die Plima da! So gewaltig sind die Wassermassen, daß innerhalb von Sekunden aus dem einst kleinen Bergbach ein wildtosender Fluß wird. Eine riesige Wasserwand taucht wie aus dem Nichts auf, staut sich kurz am Talende an einer Mauer aus ineinandergekeilten Bäumen und Schutt, bricht gewaltig tobend hindurch und rast heran!

Vom ursprünglichen Bachbett ist im Nu nichts mehr zu sehen. Fast dreimal soviel, wie das natürliche Bachbett der Plima im Höchstfall hätte aufnehmen können, rund 400000 Kubikmeter

Wasser in der Sekunde, schießen zu Tal. Oberhalb des Dorfes zertrümmert das entfesselte Element Ufermauern, die eigens gebaut worden waren, um Gand vor Hochwasser zu schützen. Und dann ist von einer Minute zur anderen der Talgrund in seiner ganzen Breite von Wasser bedeckt, von Wassermassen mit einer verheerenden Fracht: Schlamm, Holzstücke, Steine, tonnenschwere Felsbrocken... Mit mächtiger Gewalt wird alles zermalmt, was sich dem in den Weg stellt.

»Wir wollten uns mit dem Wagen in Sicherheit bringen, mein Mann und ich«, berichtet die zweite Bürgermeisterin von Gand, Frau Antonia Stricker. »Als wir unser Haus verlassen haben, schien uns das noch eine gute Möglichkeit. Es war ja nicht weit – nur ein Stück den Hang hinauf. Aber wir waren kaum vom Haus weg, da war das Wasser da. Auf einmal war uns der Weg versperrt, haben wir im Licht des Autoscheinwerfers Wasser und Steine auf uns zuschießen sehen.«

Die rasende Flucht endet nach kurzer Strecke: die Straße ist weggerissen, abgebrochen, und vor den beiden toben die jagenden Wasser der Plima! Ohne zu überlegen: Rückwärtsgang, Gas! Doch auch dort, wo sie hinwollen, geht es bergab – und auch dort sehen sie bereits das Wasser. In diesem Augenblick bricht eine riesige Wand aus Wasser und Schlamm erneut ins Tal, und zwar an einer Stelle, von der niemand erwartet hätte, daß sich die Plima dort je einen Weg suchen würde. Die Frau sieht das Unheil, schreit entsetzt auf! Sie fleht ihren Mann an, doch den Wagen zu verlassen: »Laß doch das Auto, wir müssen es über die Wiesen versuchen, wir müssen zum Hang rennen!«

Aber der Mann will nicht. Er weiß, daß da noch dieser kleine Weg zwischen den Häusern sein muß, der zum rettenden Hang führt, er weiß es doch genau – und es ist ihre letzte Möglichkeit! Da, der Einlaß! Bremsend rutscht er fast vorbei. Dann ist er auf dem schmalen und steilen Weg, gibt gefühlvoll Gas...Daß bloß nicht die Reifen durchrutschen... Nur nicht hängenbleiben! Fast schrammen sie durch eine Enge, aber immerhin: sie gewinnen Höhenmeter für Höhenmeter.

Im Rückspiegel sieht der Mann, wie Wasser und Geröll über

jene Stelle schießen, die sie gerade eben passiert haben. Sie reißen die Türen auf: hinaus und hinauf! Unglaublich fast: der Mann sperrt den Wagen noch sorgfältig ab, erst dann rennt er hinter seiner Frau bergan.

Fackeln und Lampen weisen ihnen den Weg durch Nacht und Regen. Eine große Scheune ist ihr Ziel, in der schon viele Fliehende Zuflucht suchen. Ein Treffpunkt des Elends. Die Scheune ist völlig überfüllt mit heulenden Kindern und laut schluchzenden Frauen. Viele sind völlig durchnäßt, frieren, haben weder Mantel noch Jacke. Manche haben nur das an, was sie am Leib trugen, als sie plötzlich um ihr Leben rennen mußten. Manche stehen draußen, stumm und ergeben, und sehen dem Zerstörungswerk der Plima zu.

Haus für Haus fällt dem Ansturm von Wasser und Geröll zum Opfer, die in der Scheune erfahren es durch die Rufe der draußen Stehenden. Die Bürgermeisterin verkriecht sich in der Scheune, als die Nachbarhäuser vor dem eigenen zusammenbrechen: sie will den Verlust ihres Heims nicht mit ansehen müssen. Auch wenn sie später mit ihrem Nachbarn mitleiden wird, der alles verliert, so wird sie doch erregt von der Betonmauer erzählen, die er vor ihrem Haus erst vor kurzem für eine Garage hochgezogen hat: nur dieser Betonmauer ist es zu verdanken, daß sich, nachdem der erste große Wasseransturm die vorgebauten Häuser eingerissen hat, dort die Wucht der Wellen bricht und das Stricker-Anwesen erhalten bleibt.

Es dunkelte bereits, als das Inferno über das Dorf hereinbrach. Und so reicht jetzt der flackernde Schein der Fackeln und Handlampen nicht aus, den Berghang bis hinab zum Wasser zu beleuchten; dafür strahlt ein starker Scheinwerfer der Feuerwehr über das Wasser. Trotzdem finden viele Familien nicht zueinander. So beginnt ein Bangen, Beten und Hoffen: da gibt es kaum einen am Hang, der sich nicht um einen nahestehenden Menschen sorgen würde. Niemand weiß ja, wer es geschafft hat, wer sich rettete, wen das Wasser mit sich gerissen haben könnte.

Das bleibt so bis zum nächsten Morgen.

Als die Sonne wieder aufgeht, hat sich die Plima beruhigt.

Droben am Staudamm ist der Grundablauf wieder geschlossen. Schnell macht ein Gerücht die Runde, daß er angeblich wegen eines versagenden Notstromaggregates mehr als eine Stunde lang nicht hatte geschlossen werden können.

Die Plima ist noch nicht wieder in ihr Bett zurückgekehrt und die Wasser sind immer noch sehr hoch; aber augenblicklich ist die Gefahr gebannt.

Der Blick ins Tal ist niederschmetternd. Wo gestern noch ein ansehnliches Dorf stand, gibt es nun nichts als Ruinen, Steine, Schutt, Schlamm – und immer noch Wasser. Dazwischen stehen Reste zerstörter Häuser, die wie Mahnmale aus dem Geschiebe ragen. Oft bis zur halben Höhe der Gebäude reichen die Gesteins- und Schlammassen: an eine Rückkehr ist für die meisten Dorfbewohner nicht zu denken. Zehn Anwesen, so wird man später zählen, sind dem Erdboden gleichgemacht, insgesamt 47 Wohnungen sind bis auf weiteres unbewohnbar. Im ganzen Dorf gibt es keinen Weg und keinen Steig, nirgends elektrischen Strom, nirgends ein benutzbares Telefon.

Und dennoch sprechen die Bewohner Gands von einem Wunder. Denn obwohl die Warnung so spät kam, obwohl ganze Häuser einfach vom Wasser weggerissen sind, wurde niemand getötet, wurde kein einziger Bewohner auch nur ernsthaft verletzt.

So trifft die Journalistin Gabriele Mooser Wochen später bei ihrem Besuch zwar Menschen, die durch die Katastrophe um Hab und Gut gebracht wurden, aber gesund sind. Von Antonia Stricker erfährt sie, wie schlimm es einige Gander Bürger getroffen hat:

»Am Morgen nach dem Unglück ist meine Nachbarin zu mir gekommen und hat mit weinerlicher Stimme gesagt: ›Schau, was ich anhabe: Sandalen, Kleiderschürze, Jacke; das ist alles, was ich besitze – ich hab' nicht einmal mehr ein Zündholz.‹« So arm, berichtet die Vizebürgermeisterin weiter, standen am Morgen des 25. August 1987 etliche Familien da. Familien, die von einem Tag auf den anderen plötzlich nicht einmal mehr die Kleider wechseln konnten.

Antonia Stricker ist ›mit dem Schrecken‹ davongekommen.

Wenn sie mit bewegter Stimme das Erlebte berichtet, scheint sie das Grauen dieser Nacht noch einmal zu durchleben. Doch man kann spüren, daß sie vor allem auch mit ihren Nachbarn leidet, die es schlimm erwischt hat.

So wie beispielsweise Frau Gamper: sie hat einmal das einzige Lebensmittelgeschäft des Dorfes Gand betrieben. Das Haus, in dem sich dieses Geschäft einmal befunden hat, steht – wenn auch beschädigt – noch heute. Was aber alles einmal darin gestanden oder gelegen hat, das hat die Plima mit sich fortgeschwemmt. Der Frau ist es wenig tröstlich, daß die Gemeinde an die Geschädigten, und das sind fast alle Bewohner des Dorfes, als »Soforthilfe« Lebensmittelpakete ausgab. Auch daß alle Obdachlosen, die nicht bei Verwandten und Freunden Zuflucht fanden, im Gemeindehaus untergebracht werden konnten, nützt ihr nichts. Denn Frau Gampers Haus steht noch, auch wenn Wasser und Geröll es übel zugerichtet haben. Aber die Grundlagen ihres Daseins sind fort: alle Möbel, die Ladeneinrichtung und das gesamte Vorratslager. Der Mutter zweier Buben ist nur das verwüstete Haus geblieben. Dafür erhält sie noch heute die Rechnungen der Lieferanten: für Brot, Obst, Gemüse und für vieles andere, das ihr die Plima in jener Augustnacht aus dem Lager geschwemmt hat.

Sie hat schon überlegt, ob es sich lohnt, hier noch einmal anzufangen. Ob sie sich noch einmal auf ein Leben in der Nähe des Staudamms einlassen soll. Aber erstens, so meint sie, gehört sie doch hierher. Und zweitens sieht sie für sich auch gar keine andere Wahl:

»Die Leute von der Behörde haben mir gesagt, wenn ich das Geschäft hier nicht wieder aufbaue, dann gibt es überhaupt keine Entschädigung, dann bekomme ich keine Lira. Aber ich weiß doch sowieso schon nicht, ob ich meine Schulden jemals bezahlen kann!«

Damit steht Frau Gamper nicht allein. Zwar hat der italienische Staat Ersatz in Höhe von vierzig bis siebzig Prozent des entstandenen Schadens zugesagt. Doch bei dieser Ankündigung blieb unklar, wann das Geld die Betroffenen erreichen wird. So mußten sich viele im Dorf in der ersten Zeit nach der Katastrophe mit kleinen Spenden über Wasser halten, mußten Schulden machen und hoffen, daß sich in der Zukunft alles zum Besseren wenden werde. Aber: Schulden macht man hier nicht gerne, und der Wunsch, endlich wieder selbst für den eigenen Lebensunterhalt sorgen zu können, ist bei den meisten Opfern der Flutwelle groß. Die Möglichkeit, das in absehbarer Zeit wieder zu schaffen, ist klein.

Das weiß auch die Familie Kobald, deren Anwesen einmal unmittelbar an der Plima stand. Heute steht dort nichts mehr. Auch alle Tiere, die einmal zum Hof gehörten, sind fortgespült und ertrunken.

Als Gabriele Mooser sich mit der Familie über ihr Schicksal unterhalten will, suchen Vater, Mutter und Sohn gerade den Schutt auf ihrem Grund ab, in der Hoffnung, daß vielleicht doch noch das eine oder andere von ihrem Hab und Gut übriggeblieben ist. Herr Kobald mag noch immer nicht glauben, daß es seinen Hof einfach nicht mehr gibt. Immer noch fassungslos, mit dem leeren Blick eines Menschen, der nicht begreifen kann, was geschehen ist, erzählt er mit stockender Stimme:

»Seit 1836 ist der Hof hier gestanden, hat mein Urgroßvater erzählt. Mein Großvater hat den Hof geführt, dann meine Eltern, dann ich. In ein paar Jahren hätte der Bub ihn übernehmen sollen, ich bin doch jetzt auch schon 62.«

Die Familie hat in den letzten Jahren allerhand in den Hof hineingesteckt. Der Sohn hat eigens die Tischlerei gelernt, weil eigener Hände Arbeit immer noch am wenigsten kostet. Heute steht er nicht nur vor den Trümmern seiner Arbeit, sondern sieht auch noch seine Zukunft gefährdet:

»Nachdem der Vater 1970 den Hof renoviert hat, haben wir zusammen noch alle Türen und die Böden ausgewechselt. Die Küche hab' ich dann auch neu eingerichtet, als ich ausgelernt hatte. In der Stub'n hab' ich vieles g'schafft und im ganzen Haus war noch allerhand zu richten. Das war alles zusammen schon eine teure Sache, und wir haben vieles auf Schulden gemacht. Nachdem im Haus das Nötigste gerichtet war, haben wir draußen auf den Feldern planiert und Beregnungen gebaut. Dazu haben wir dann auch wieder Geld gebraucht. Wenn wir jetzt ganz neu aufbauen müssen, dann geht es nicht ohne Hilfe vom Land oder von jemand anderem.« Zögernd fügt er mit leiser Stimme hinzu: »Sonst weiß ich nicht weiter...«

Sonst weiß ich nicht weiter... Das denken im Martell-Tal derzeit viele. So denken jene, die in zehn bachnahen Häusern gewohnt haben, welche heute nur noch Ruinen oder Trümmer sind. So denken ein Zimmermann, ein Tischler und zwei Mechaniker, die mit ihren Werkstätten auch ihr tägliches Brot verloren haben. Und so denken sie alle, die diesmal glimpflich davongekommen sind und nicht wissen, ob sie beim nächsten Unglück dieser Art wieder die Gnade erfahren werden, ohne Tote oder Verletzte davonzukommen.

Denn eine weitere Katastrophe ist nicht ausgeschlossen. Schon 1891, als es den Zufritt-Staudamm noch längst nicht gab, hatte die Plima nach einem schweren Unwetter mehrere Häuser des Dorfes Gand fortgespült. Und mit dem Staudamm ist die Gefahr noch viel größer geworden. Vor allem, weil die ihn betreibende Selm AG bestrebt ist, möglichst wenig Wasser den Stausee ungenutzt passieren zu lassen. Was im See ist, soll auch zur Stromgewinnung durch das angeschlossene Kraftwerk geleitet werden. Deshalb wird der Wasserspiegel stets so hoch wie möglich gehalten. Und deshalb konnte der Stausee am 24. August das Wasser der Gebirgsbäche und den Regen nicht mehr aufnehmen, der in Strömen vom Himmel fiel. Das ist die Auffassung vieler im Martell-Tal kurz nach dem Unglück. Doch die Kraftwerkbetreiber geben an, »streng nach dem Gesetz gehandelt« zu haben.

Juristische Feinheiten allerdings nutzen den Bewohnern des zerstörten Tales wenig. Mag es für sie heute nicht direkt ums nackte Überleben gehen – die Notlage, in der sich viele von ihnen befinden, ist schlimm genug. So schlimm, daß die Gemeinde sich nicht mehr selbst helfen kann, und selbst der Bürgermeister Erwin Altstätter hofft, daß ihnen Hilfe »von außerhalb« zuteil werden wird. Noch Monate nach der Überschwemmung weiß er nicht, wie er die obdachlosen Familien »über den Winter bringen« soll.

Als die Journalistin ihn vor die Kamera stellt, bittet er schlicht, aber mit bewegten Worten um Hilfe für sein Dorf. Denn die Betroffenen bleiben oft stumm. Wie der Pfarrer von Gand weiß, ist dies nicht nur der Stolz, es auch mit großen Notlagen aufnehmen zu können. Oft schnüren Kummer und Scham die Kehle zu.

# Planeil - ein Dorf lebt in Angst

## Das ›Branddorf‹ Planeil

Wer über den Reschenpaß, am Reschen- und am Haldersee vorbei, hinunter in den oberen Vinschgau fährt, gelangt in eines der sonnigsten Gebiete Südtirols. Oft bis weit in den Spätherbst hinein leuchten die Farben einer weitgehend intakten Natur, und die zahlreichen Besucher werden wegen des milden Klimas zu Kurzurlauben in den Dörfern und Städtchen verführt. Viele Burgen und Schlösser künden von der wechselvollen Geschichte Südtirols, und schon bei der ersten größeren Gemeinde Mals gibt es für interessierte Touristen jeden Tag Neues zu entdecken.

Doch nur etwas abseits, für die kleineren Seitentäler, gilt wohl oft der Satz, daß ›wo viel Licht, es auch viel Schatten gibt‹.

Als Beispiel mag das kleine Bergbauerndorf Planeil gelten, das unterhalb des St. Valentin malerisch am Berghang liegt und von dem aus man einerseits auf den 2557 Meter hohen Watles, andererseits, nach einem weiten Blick aus dem Hochtal hinaus, auf das prächtige Kloster Marienburg schaut. Ein Werbeprospekt preist die Lage des Dorfs:

»Planeil – das kleine Südtiroler Bergbauerndorf im Obervinschgau am Dreiländereck Österreich-Schweiz-Italien, lädt zur Erholung ein. Es erweist sich als idealer Ausgangspunkt für Wanderungen und Touren in die umliegende, faszinierende Bergwelt.«

Doch seit einigen Jahren spricht man von Planeil als einem Ort, an dem sich Schicksalsschläge für die dort siedelnden Bergbauern häufen. Waren es erst Wasser- und Murenschäden schlimmer Art, die das obere Dorf trafen, so war es Feuersnot, die am 16. Oktober 1985 das untere Dorf heimsuchte.

Am frühen Abend war es, als die Feuersirene ertönte und die

Bauern von ihren Feldern ins Dorf zurückrief. Vier Wirtschaftsgebäude und sieben Wohnhäuser wurden damals ein Raub der Flammen. Während die Betroffenen daran gingen, mit Landessowie Eigenmitteln als auch mit Spendengeldern ihre Häuser und Stallungen wieder aufzubauen, stellten sich Spannungen zwischen einzelnen Familien ein: manch ›Abbrändler‹ schien sich nach der Katastrophe offenkundig besser zu stellen als vorher; zumindest kam es manchem der Nachbarn so vor. Das war objektiv durchaus nachvollziehbar, verglich man nur einen neuerbauten Stall mit einem, der seit Jahrzehnten oder noch länger ohne wesentliche Verbesserungen genutzt worden war.

Der Großbrand von Planeil war im Tal unten schon fast in Vergessenheit geraten, als am 17. Oktober 1986, also fast auf den Tag genau ein Jahr später, die Feuersirene zum zweitenmal ertönt.

Es ist Viertel nach 6 Uhr abends. Es dunkelt. In einem kleinen Gebäude neben der Kirche von Planeil, die dem hl. St. Nikolaus geweiht ist, flackert ein trübes Licht, wie von einer Lampe. Die Scheune gehört dem Michael Paulmichel, und er hätte zweifelsfrei sofort begriffen, daß der flackernde Schein nicht von einer Lampe herrühren kann. Aber er ist nicht zu Hause.

Erst als Brandgeruch die ersten alarmiert, als die ersten Rauchschwaden übers Dorf ziehen und schließlich die Flammen hell aus dem Dach schlagen, da ist es zu spät. Die Nachbarhäuser werden bereits vom Funkenflug erfaßt.

Die Nachbarin, die Bäuerin Paulmichl, erinnert sich:

»Des isch einfach unfaßbar, wie schnell das Feuer sich verbreitet hat. Wir waren gerade beim Nachtmahlessen, und da hörte ich den Ton von der Sirene. Ich lauf' auf den Balkon, und da seh' ich das beim Nachbarn. Ein Feuer war in der Scheune, und schnell holte ich meinen Mann, der gerade ins Bett gegangen war, weil er Nachtschicht hatte. Und dann ging alles so schnell. Schnell war ein großes Feuer entstanden!«

In kürzester Zeit schlägt eine große Feuersäule aus der mit Heu wohlgefüllten Scheune, und ein böiger Wind wirbelt glimmende und brennende Teilchen den Berghang hinauf – durch die Gassen Planeils.

*Das zerstörte Planeil: die Häuser im Ortskern wurden ein Raub der Flammen und mußten völlig eingeebnet werden.*

Überall flammen nun kleine Brände auf. Die Menschen sind aus den Häusern gelaufen und zum Brandherd hin, zu retten und zu helfen, was möglich ist. Das Wichtigste sind die Tiere und die landwirtschaftlichen Geräte und Maschinen!

In der engen Gasse geht es chaotisch zu. Menschen und Tiere rennen hin und her, behindern sich gegenseitig. Während Nikolaus Paulmichl versucht, seinen Mähdrescher herauszufahren, schlagen ihm die ersten Flammen entgegen. Beißender Rauch behindert Atmung von Mensch und Tier, verwehrt die Übersicht.

Die Stimme der Bäuerin beginnt zu zittern:

»Der Nachbar läßt das Vieh aus, und er wollte dann noch die Schweine bei uns in den Stall reingeben. Ich tu' die Schweine in den Stall, aber dann schrien die Männer schon: ›Tu' das Vieh raus! Tu' das Vieh raus!‹ Als wir die Schweine und das Vieh heraußen hatten, krachten schon die Scheiben ringsum und alles war voller Rauch und voller Aufregung. Die Leute rennen hin und her. Das Wasser schafft es nicht mehr, das Feuer zu stoppen. Es war furchtbar.«

Ein Glück für sie und die Tiere ist, daß ihre neue Scheune, die sie nach dem ersten Brand frisch gebaut hatten, aufgrund der Erfahrung des Brandes zwei Eingänge erhalten hatte. Und während die Nachbarscheune mit dem Heu regelrecht ›explodiert‹ und das brennende Dach herüberwirft und den einen Ausgang versperrt, kann sie sich und die Tiere durch den anderen ins Freie flüchten. »Wir rannten alle weg, an unserem Haus vorbei. Und das hat oben auch schon gebrannt. Furchtbar! Es war nicht mehr zu fassen, daß man das so überstehen kann.«

Die engen Gassen sind durch herausgefahrene Landmaschinen, die Autos, flüchtende Menschen und Tiere überfüllt und blockiert. Der Lärm ist ungeheuer: das Prasseln des Feuers, das fauchende Auflodern der Flammen, das Zischen des Wassers, das Krachen, wenn Gebäudeteile einstürzen. Frauen und Kinder rennen heulend aus den Gassen, heiser die Zurufe der mit den Löschversuchen verzweifelt sich abmühenden Männer. Drei von ihnen zerren an einem Jungstier, versuchen ihn den Hang emporzuziehen: er wehrt sich verzweifelt, schlägt mit dem Kopf um sich, stemmt sich gegen den Strick. Als er sich mit einem Ruck befreit, wirft er sich herum, flüchtet in Panik, blind für alles, die Gasse hinunter, wo die Menschen schreiend auseinanderstieben, springt mit einem Brüllen ins Feuer.

Während bei einigen Familien große Teile ihres Hauses noch stehengeblieben sind, blieb bei anderen kein Stein auf dem anderen. Katharina Höchenberger blickt mit regungslosem Gesicht auf die Brandruine, die einst das Haus ihrer Familie war:

»Letztes Jahr war ja schon ein großer Brand in Planeil. Der hat uns ja ganz schön erschreckt. Und jetzt hat's heuer zur gleichen Zeit, ja am gleichen Tag wieder angefangen. Da drüben hab' ich gewohnt.«

Dort, wo sie hindeutet, stehen nur noch wenige schwarzgefärbte Brandmauern, die zeigen, wo etwa 20 Meter über dem Talgrund einst der prächtige Berghof gestanden haben muß: er stand wie die anderen Häuser dieser Zeile unter Denkmalschutz.

»Wo der Tanz losgegangen ist, war ich zu Hause, die Tochter war auch zu Haus. Ich saß gerad vor dem Fernseher. Ach, hab' ich gerufen, die Sirene, die Sirene! Es isch was g'scheh'n! Dann hab' ich schnell den Traktor aus dem Stall gebracht und das Vieh. Ich wollt' noch schnell ins Haus laufen und die Papiere und so aus dem Haus holen, und dann geh' ich ins Zimmer und ich bin nicht mehr zurückgekommen, alles war im Nu voll Rauch. Die Tochter hat es gerade noch geschafft, die ist noch hinausgelaufen in die Gasse. Ich bin nach oben rauf. Bin aus dem Fenster gesprungen, auf den Balkon, und von dort aus in den Garten. Es ischt alles weg. Alles verbrannt. Die ganze Arbeit. 's ischt nur gut, daß des Vieh gerettet is. Und daß uns nicht viel passiert ischt. Alles weg.«

Die Stimme versagt ihr. Man kann sich nur wundern, daß ihr nichts passiert ist: allein ihre Sprünge vom zweiten Stock auf den Balkon in den ersten und dann den Steilhang hinunter – für eine 52jährige Frau eine Tat, die nur unter Lebensgefahr vollbracht werden kann.

Obgleich die Versorgung mit dem Löschwasser leidlich klappt (erst kurz zuvor sind neue Trink- und Löschwasserleitungen verlegt worden), breitet sich das Feuer aus. Glaubten die Planeiler zuerst noch, den Brand unter Kontrolle zu bekommen, schaffen der bergwärts drängende Wind, die Hitze und der Funkenflug ständig neue Brandherde. Überraschend schnell wird das neben dem ersten Brandherd liegende Futterhaus ein Raub der Flammen. Entlang der Oberen und Unteren Gassen wütet das Feuer, erfaßt ein Anwesen nach dem anderen: Schritt für Schritt müssen die Männer zurückweichen, ohnmächtig müssen sie erkennen, daß sie zu schwach sind, dem Feuer zu wehren.

Die Feuerwehr aus Mals trifft ein. Vergeblich ihr Versuch, von der Seite her den Brandherd zu löschen. Sie und auch die kurz darauf eintreffenden Feuerwehren aus dem Obervinschgau müssen sich zuerst auf den Schutz der benachbarten, noch nicht in Flammen stehenden Häuser beschränken. Obwohl schließlich über 150 Feuerwehrleute von allen Seiten gegen das Feuer vorrücken, an ein Löschen der in Brand stehenden Höfe ist nicht mehr zu denken!

Wegen der verschachtelten Bauweise in dem verwinkelten Bergbauerndorf, der mit viel Holz gebauten, mit Blech gedeckten Häuser und wegen der bis oben hin mit Heu gefüllten Tennen kommt es zu explosionsartigen Feuerausbrüchen und in den engen Gassen zu einem Feuersturm. Die riesige Lohe mit der Brandwolke über Planeil leuchtet weit ins Land und kündet von der Katastrophe. Ins ferne Tal hinunter zieht der Brandgeruch.

Nur durch den selbstlosen Einsatz der Feuerwehren und durch die Entscheidung, die noch bestehenden Höfe zu schützen und ein »weiteres Ausbrechen des Feuers zu verhindern«, können die anderen Höfe und die Kirche gerettet werden. Erst nach Stunden, gegen 22.15 Uhr, hat man schließlich den Brand unter Kontrolle, auch wenn immer wieder neu auflodernde Brandherde in den übriggebliebenen Ruinen und angebrannten Gehöften und Scheunen niedergehalten werden müssen.

Vier Wohnhäuser sind total vernichtet, drei sehr stark beschädigt, elf Wirtschaftsgebäude sind verloren – und damit auch landwirtschaftliches Gerät wie Traktoren und Mähdrescher, von denen vier verbrannt sind. Über 40 Personen sind obdachlos, für etwa 40 Tiere werden Notunterkünfte im Dorf selbst oder im Tal besorgt.

Wie das Feuer in der Scheune ausbrechen konnte, ist allen ein Rätsel. Ein Kurzschluß kann es nicht gewesen sein, denn in der Scheune war kein Stromanschluß.

Manche Planeiler sind vom Schicksal gezeichnet. Sie haben zweimal das gleiche erlebt, zweimal das gleiche erlitten.

Nikolaus Paulmichls Haus steht, aber die Brandschäden sind unverkennbar. Mit einem hilflosen Achselzucken sagt er leise:

»1969 bis 1970 haben wir das Haus neu gebaut und 1981 den Stall. Und inzwischen, also 1983, da war die Katastrophe nach den Unwettern und den Muren, die hat uns auch ziemlich mitgenommen. Dann war, vorletztes Jahr, der Brand, und da hat es uns die ganze Vorderseite des Hauses verbrannt, da war alles beschädigt. Also der Balkon und Fenster und dann den Stall. Die halbe Scheune ist niedergebrannt. Das Futter war verdorben, das haben die Tiere verweigert, also, alles war beschädigt.«

Er betrachtet nachdenklich seine Hände:

»Die ganze Arbeit von einem Jahr... Alles war umsonst, alles, was wir eingebracht hatten. Hier bei uns ist es ja sowieso, mit unserer Hanglage, sehr schwierig, das Futter einzubringen. Das ist ja alles Handarbeit, und man kann wenig mit Maschinen machen. Es ist wirklich schlecht einzubringen, und da arbeitet man das ganze Jahr...« Er seufzt und macht eine Handbewegung zur Scheune hin:

»Erst im Frühjahr war dann der Dachstuhl und die Scheune soweit wieder fertig. Endlich, so daß wir das Futter einbringen konnten. Im Laufe der Zeit haben wir dann wieder alles selbst angemalt und gemacht. Alles allein. Im Herbst...«

Er stockt, überblickt sein angebranntes, vom Ruß schwarzgefärbtes Haus. Die Vorderfront ist zerstört, der Rest der Balkonbalken muß auch noch entfernt werden.

»Wieder alles abgebrannt...«

Er schüttelt den Kopf: »Wissen Sie, am ersten Tag, da dachte ich, jetzt ist mir alles egal. Mir war so zumute. Jetzt is alles fertig. Aus und vorbei. Alles umsonst. Zwei Jahre umsonst gearbeitet. Jetzt können wir nicht mehr weiter. Überhaupt nichts mehr. Wenn so etwas zum zweiten Mal passiert, da wird man so richtig abgestumpft... und einen Arbeitsgeist hat man auch nicht mehr. Aber mit der Zeit... Man muß es halt immer wieder aufs neue versuchen.«

Nikolaus Paulmichl, dem beim Brandunglück im Jahr 1985 schon Stall und Scheune abgebrannt waren, steht 1986 wieder vor den Trümmern seiner Scheune, seiner Geräte und Maschinen. Aber er behält das Haus!

Andere sind noch viel schlimmer dran: sie haben alles verloren!

Nach dem Unglück müssen die in Planeil zusammenrücken – und das bringt Spannungen mit sich. Denn es gibt dort nur wenig Platz, um sich zurückzuziehen oder um mit sich selbst ins reine zu kommen. Man lebt dort oben nicht nur sein Leben, sondern man lebt auch mit dem seiner Nachbarn. Was gestern in der Stube passiert ist, weiß morgen der Nachbar und übermorgen das ganze Dorf. Manche der 220 Einwohner Planeils sind untereinander tief zerstritten. Aber nach außen halten sie immer noch zusammen. Ein Journalist schreibt in einem Zeitungsartikel über die Menschen in Planeil: »Sie hüllen sich in ein mysteriöses Schweigen.« Will heißen, daß die zwei Brandkatastrophen zu ähnlichen Zeiten von sehr vielen nicht mehr als ›Zufall‹ angesehen werden. Aber Brandstiftung...?

Das verbitten sich die meisten: »Hier trifft es jeden, wenn so etwas passiert. Das Risiko für einen einzelnen, daß es ihn selbst erwischt, ist zu hoch.« Die Brandstiftung zum eigenen Vorteil wird als ungeheuerliche Unterstellung zurückgewiesen.

Dankbar nehmen manche die Mär von einem alten Weibl an, das angeblich drei Planeiler auf dem Feld traf und sie heimschickte mit der Bemerkung, sie sollten sich beeilen, weil es bei ihnen bald brennen würde. Es paßt zur Geschichte, daß die Alte unerkannt entschwand.

Wenn man die Menschen kennenlernt, will man an diese Möglichkeit einer Brandstiftung auch nicht glauben. Aber es ist wahr, daß es Streit gibt zwischen manchen der ›Abbrändlern‹ und einigen anderen im Dorf. Die einen fühlen sich im Stich gelassen von der Regierung, von der Dorfgemeinschaft, vom Nachbarn. Andere werfen den Geschädigten vor, sich allzu bequem auf die Hilfe anderer zu verlassen, die Hände in den Schoß zu legen mit dem Gefühl, daß es die anderen schon richten werden.

Hinzu kommen manche Zwiste zwischen denen, die kaum ihre Familie ernähren können, und solchen, denen es besser geht, zwischen den Bergbauern, die unten im Tal ihr Auskommen suchen müssen, und jenen, die noch oben am Berg ihren Boden bearbeiten. Außerdem sind Stammtisch-Streitereien über den richtigen Weg in der Kommunalpolitik an der Tagesordnung. Kurzum: so idyllisch sich Planeil für jeden Bergwanderer anbietet, so rauh kann es zwischen den Einheimischen zugehen.

Ist es möglich, daß an dem Verdacht doch etwas dran ist, daß es einen unter ihnen gibt, der mit dem Feuer, aus Haß oder Berechnung, mit dem Leben und dem Eigentum seiner Mitmenschen, krankhaft seine Ziele verfolgt?

Doch darüber sprechen, das wird im Dorf so gut es geht vermieden. Selbst der Pfarrer will auf diese Frage nicht eingehen:

»Seit einem Jahr bin ich hier Pfarrer, und ich habe jetzt zum zweiten Mal erlebt, wie eine große Brandkatastrophe das Dorf in äußerste Not stürzte. Die Menschen hier haben ihr Hab und Gut verloren. Siebzehn Familien sind davon betroffen. Sie arbeiten zwar so gut es geht auf ihren kleinen Höfen, aber sie müssen immer noch hinaus aufs Land, um sich dort Arbeit zu suchen, um wenigstens auf das Lebensminimum zu kommen. Nach der Katastrophe spüren sie in ihrem Inneren, daß sie angewiesen sind auf Hilfe, auf Hilfe von außen. Sie möchten eben hier bleiben, weggehen wollen sie auf keinen Fall. Das wäre für sie das Schrecklichste.«

Der Pfarrer von Planeil hat recht:

»Jeder Streit muß in den Hintergrund treten, wenn man die Schicksale der Familien betrachtet. Die betroffenen Bauern hatten nur insgesamt etwa 40 Stück Vieh im Stall. Die Leute sind arm.«

Trotz aller Streitigkeiten wird deutlich, daß die Planeiler sich selbst nicht helfen können, zu bescheiden ist die wirtschaftliche Stellung der Bergbauern. Eine Möglichkeit wäre wegzuziehen – doch kaum einer möchte die Heimat aufgeben, auf das verzichten, was Vater und Mutter, was die Großeltern und deren Vorfahren aufgebaut haben.

Aber es muß irgendwie weitergehen!

Und diese Situation steht für viele:

»Das Vieh ham 'mer halt nit da, das ischt unten im Dorf, halt ganz verstreut. Jetzt müß' mer halt schauen, daß es halt wieder weitergeht. Das kaputte Haus. Alles zerstört und das verdorbene Futter... Allein könn' mer das halt nit aufbauen. Und die Arbeit ischt auch nicht so leicht. Heuer war es schwer das Heu reinzubekommen, und wir ham eh' net so viel g'habt...

Müß' mer halt schauen wie es irgendwie scho wieder geht. Sin' mer froh, daß mer noch da sein und jetzt bin ich halt auch a bisserl zu Hause. Helf halt da wo's geht und im Winter geh' ich halt wieder Geld verdienen. Des mach' mer halt alle hie und da. Allein geht's halt nit.«

Aber woher soll Hilfe kommen? Manche der Abbrändler stehen schon über ein Jahr vor dem Nichts. Außerdem waren die meisten von ihnen unterversichert, wie auch die alten Schöpfs, die ihr Haus verloren haben.

»Voriges Jahr am 17. Oktober hat's gebrannt, um 6 Uhr abends. Bei uns. Unser ganzes Wohnhaus hat gebrannt. Und jetzt scho wieder. Das war not nit a'mol fertig. Muß ja erst amoal alles g'regelt werden. So bei Gericht und so. Finanziell fehlt's uns halt auch. Wir san schlecht versichert g'wesen. Zwar ham's scho jetzt g'holfen. Aber es reicht halt net, hint' und vorn.«

Die Bitte um Hilfe und die Liebe zu ihrer Heimat, das Nichtweg-gehen-Wollen, aber auch die »angeborene« Sturheit der Bergbauern, all das hält die Hoffnung in dem Obervinschgauer Dorf noch am Leben.

Rund 4 bis 6 Millionen Mark, so schätzt man, müßten insgesamt eingesetzt werden, um alle Schäden zu beheben. Aber was will man von Bergbauern erwarten, von Leuten, die selbst nur zwischen 10- und 30.000 Mark im Jahr verdienen? Ein zuständiger Fonds in Südtirol finanziert zwar Neubauten mit fast 70 Prozent. Doch der Rest? So solide nun manche Fundamente gesetzt werden, so werden sich einige Bergbauern auf Generationen hinaus verschulden müssen. Sicher, Nachbarschaftshilfe wird geleistet, wo immer möglich. Doch das reicht einfach nicht aus. Fachleute werden gebraucht, aber die kosten Geld. Und das war es, was man in Planeil in den ersten Wochen nach dem Brand am wenigsten hatte.

Wer nicht weichen will, macht also Schulden. Mancher einst freie Bergbauer fühlt sich nun wie in Ketten gelegt und jeder Hammerschlag am Gebälk des neuen Hofes bedeutet für ihn und seine Familie neue Fronarbeit im Tal.

Die Tageszeitung, die über den Brand in Planeil berichtet hat, veröffentlichte ein Spendenkonto für die Geschädigten. Die ersten Geldbeträge laufen ein, die ersten freiwilligen Helfer tauchen auf, um einerseits beim Abriß, andererseits beim Aufbau mitzuhelfen. Es kommen Gruppen aus Österreich, der Bundesrepublik, aus Italien und aus Belgien. Eine ganze Feuerwehr-Löschmannschaft taucht für einige Wochen auf, verbringt einen »Arbeitsurlaub« im Dorf: die ersten Scheunen werden wieder erstellt, die ersten Mauern hochgezogen. Denkmalschützer des Landes reisen an, überlegen, wie zumindest die Untere Gasse wiederhergestellt werden kann. Neue Hydranten werden aufgestellt, denn die Furcht vor einem neuen Brand ist groß. Rundfunk und Fernsehen in Südtirol, Österreich und Luxemburg berichten über die Not der Menschen in Planeil. Für die Sendung »Unser Land« des Bayerischen Fernsehens drehte ich einen Beitrag von 15 Minuten. Ich habe nicht lange bitten müssen, bis die Redakteure Christian Seiffert und Dietrich Goldberg einverstanden waren: sie beschäftigen sich in ihrer Sendung nur mit den Problemen und Anliegen der Bauern – und für sie ist es keine Frage, daß solche außergewöhnlichen Notfälle nicht nur ihre Zuschauer aus dem Bauernstand interessiert, sondern auch zum Mithelfen aktivieren wird. So kommt es, daß zum Schluß ihrer Sendung plötzlich ein Film über die Not der Bergbauern in Planeil gesendet wird: »Ein Dorf ruft um Hilfe!«

Mit der Einblendung der Adresse und Telefonnummer der »Stillen Hilfe« wird eine Lawine der Hilfsbereitschaft in Gang gesetzt, wie sie in dieser Art noch nicht da war.

Gerhard Bletschacher und seine Frau können sich in den nächsten Tagen und Wochen nicht über mangelnde Arbeit beklagen:

»Über Tage hinweg hat ja bei uns das Telefon geläutet. Meine Frau – wir sind ja ein ehrenamtlicher Verein – war von früh bis spät in die Nacht am Telefon und hat vor allen Dingen den Menschen, die Hilfe leisten wollten, erklärt, was zu tun ist. Die einen haben Geld gespendet, die anderen Sachspenden organisiert, sind mit dem eigenen Auto nach unten gefahren und haben Hilfe gebracht. Alles in allem: Es war wirklich eine großartige Aktion.«

Tausende von Bürgern haben gespendet. Schon nach einer Woche stiegen die eingehenden Gelder über 100.000 Mark, später über 150.000 Mark, dann 200.000 Mark. Bauern aus Oberbayern organisierten Lastwagenfahrten, Fuhren mit Heu, nach Planeil, andere sammelten Kleider, Kinderspielzeug, Hausrat ein.

Die Aktion des Landwirtschaftsdirektors Helmut Silbernagl aus Miesbach/Oberbayern soll hier beispielhaft für einige andere stehen. Sofort nach der Sendung rief er mich an, um sich über die Sendung hinaus genauer zu informieren. Er kennt auch das Leben der südtiroler Bergbauern, von einem »Einsatz« als Landwirtschaftslehrer vor über 25 Jahren her. Mit einem Hilfsaufruf an die »Ehemaligen der Miesbacher Landwirtschaftsschule« hat er durchschlagenden Erfolg: er sammelt rund 25.000 Mark! Anfang März 1987 fährt er schließlich, begleitet von den Semestersprechern der Studierenden der Landwirtschaftsschule, Johann Bichler und Georg Hahn, nach Planeil. Dem Bürgermeister Albert Flora von der Großgemeinde Mals wird der Scheck überreicht, und dann überzeugen sie sich am Ort, daß das Geld wirklich dringend notwendig ist.

Viele Spender verfahren ähnlich, kommen nach Planeil, sprechen mit den Menschen, überbringen Material oder organisieren neue Hilfsaktionen. Immer wieder tauchen Besuchergruppen aus Bayern und Österreich auf, um sich zu informieren, oder auch um etwas mitzubringen. Einige bleiben auch ein paar Tage oder Wochen, um beim Wiederaufbau selbst mit Hand anzulegen. Denn manche aus Planeil mußten sich andernorts verdingen, um etwas zu ihrem Lebensunterhalt dazuzuverdienen, fehlen also daheim.

Und so geht es langsam voran, für viele zu langsam. Nach einem Jahr sind zwar Scheunen und Ställe wieder erstellt, die Wohnhäuser jedoch erst meist im Rohbau. Was heißt, daß die Geschädigten immer noch beim Nachbarn oder in der Schule wohnen: eine harte Zeit.

Sprachlosigkeit und Hilflosigkeit. Für viele der Brandgeschädigten ist nicht nur der Verlust der Heimat schlimm, sondern auch das Gefühl, daß sie immer noch auf andere angewiesen sind.

Trotzdem ist es dringend notwendig, daß ihnen nach der ersten konkreten Unterstützung nun Hilfe zur Selbsthilfe widerfährt. Als Murnauer Bauern, deren Kreisbäuerin sich schon seit längerem für dieses Bergdorf einsetzt, im Herbst 1987 Planeil besuchen, um warme Kleider und Schuhe zu bringen, sind sie von der Situation – ein Jahr nach dem Brand – tief betroffen:

»Also wir kommen aus einer Höhenlag von zirka 1700 Metern Höhe. Bei uns ist noch wunderschöner Herbst. Aber hier in 1600 Höhenmetern... Die Leut' warten alle Tage auf den ersten Schnee! Man wundert sich. Die haben noch die Gerste draußen, die haben noch den Roggen draußen. Der Winter steht vor der Tür. Man weiß nicht, wie wird das Vieh über den Winter gebracht. Wenn man Bauer ist und man kennt die Probleme, da hat man einiges zu überlegen. Es ist sehr sehr schwierig und man muß sich wundern, wie die Leut' das überhaupt schaffen, sowohl materiell, als auch menschlich. Wir können die Leut' eigentlich bloß bewundern.«

## Ein Ort feiert - und hilft

»Ein Herr Schmidt aus Murnau!« Mit Nachdruck hält mir mein Mitarbeiter Bernhard Michalowski den Telefonhörer hin: »Er hat schon dreimal angerufen, es ist wegen Südtirol!«

Das scheint ja dringend zu sein. Ich nehme den Hörer: »Gerosa, Grüß Gott, was kann ich für Sie tun?«

Die Stimme klingt sympathisch: »Schmidt, Fremdenverkehrsamt Murnau am Staffelsee in Oberbayern. Was Sie tun können, weiß ich nicht, aber wir möchten etwas tun, und zwar für die Bewohner von Planeil!«

Auch er hat den Film im Bayerischen Fernsehen gesehen und hat dazu eine ungewöhnliche Idee:

»Wissen Sie, wir feiern in zwei Monaten das 10jährige Bestehen des Murnauer Kurgästehauses. Das ist für viele Vereine, Gruppen und Gemeinschaften ein Versammlungsort, den sie nicht mehr missen möchten. Und deswegen werden wir eine Festwoche veranstalten. Aber ich habe mir gedacht, daß wir nicht nur feiern, sondern das Ganze mit einer größeren Hilfsaktion für die Bergbauern in Planeil verbinden, deren Häuser verbrannt sind. Was sagen Sie dazu?«

Natürlich bin ich begeistert und sage sofort zu, als er einen Treffpunkt vorschlägt.

Innerhalb weniger Wochen nimmt das Vorhaben Gestalt an. Da Herr Schmidt auf Kur muß, übernimmt seine Mitarbeiterin Irmtraud Karlitschek die Organisation. Auch sie fährt eigens nach München, um sich bei mir zu informieren.

Als sie eintrifft, melde ich mich für eine Stunde aus dem Büro ab: Besprechungen halte ich lieber an der frischen Luft.

Statt einer Stunde brauchen wir dann drei, und als sie wieder abfährt, haben wir ein Mammutprogramm für eine ganze Woche entworfen – mit einer Vielzahl von Helfern, die von ihrem Glück noch nichts wissen und die von Irmtraud Karlitschek erst noch gewonnen werden müssen.

Doch da wir uns so begeistert ausmalten, was man alles machen könnte, fühle ich mich so motiviert, daß ich mich noch am selben Tag hinsetze und die ersten Briefe dazu abfasse.

»Betr.: Planeil,
hier: Hilfsaktion Murnau...«

Schon nach einer Woche liegt das erste Schreiben aus Murnau auf dem Tisch. Frau Karlitschek teilt mit, daß auch sie bereits viele Rundschreiben mit unterschiedlichen Texten verschickt habe, und zwar an Hotels, Gaststätten, Geschäftsbetriebe, aber auch an Vereine, die sich mit ihren Leuten beteiligen könnten.

Schließlich ist das Programm gewaltig: ein Festabend mit Kabarettisten, Sängern und Musikanten. Ein Chorabend »von der Renaissance zur Gegenwart«, eine »Spiel-und-Spaß-Aktion« mit Kindern, ein Konzert, ein Bayerischer Abend, ein Bauerntheater, ein Flohmarkt, eine Tombola, Ausstellungen und Vereinsfeste... und das Ganze dazu noch kostenlos!

Aber: immer und überall soll dafür geworben werden, trotzdem etwas zu geben... als eine Spende für Planeil. Das Motto dieser Woche soll deswegen auch lauten: »Murnau feiert – und hilft« – und dies sollte sich dann später auch in einem namhaften Betrag niederschlagen!

In dem Rundschreiben des Fremdenverkehrsamtes an alle Murnauer Hotels und Gaststätten steht deswegen:

»In der Vorbereitungszeit für die Jubiläumswoche wurde im Bayerischen Fernsehen ein Filmbeitrag über das zweimal abgebrannte Dorf Planeil im Vinschgau/Südtirol ausgestrahlt. Die Organisatoren der einzelnen Abende faßten daraufhin den Entschluß, über das Feiern auch die in Not geratenen Nachbarn nicht zu vergessen und am Schluß der jeweiligen Veranstaltung um eine freiwillige Spende zu bitten. Der Gewerbeverein hat sich dieser Aktion angeschlossen und sich an seine Murnauer Mitglieder mit der Bitte um Spenden gewandt...«

Auch die Murnauer Vereine erhalten Post:

»...Die Gemeinschaft eines Ortes zu motivieren, ist zwar nicht Aufgabe eines Fremdenverkehrsamtes, aber sie ist eine erfreuliche Nebenerscheinung beim Bemühen, für Murnau zu werben. Je mehr Aktivitäten und spontaner Einsatz von seiten der Vereine und Gemeinschaften kommen, desto bunter werden die Berichte über Murnau sein. In diesem Sinne würden wir uns freuen, wenn Sie sich mit einer Aktion oder Spende an unserem Fest beteiligen würden.«

Schließlich ruft mich Frau Karlitschek an:

»Bürgermeister Frühschütz ist von der Festwoche und der Tombola überzeugt, und er übernimmt die Schirmherrschaft! Außerdem haben sich spontan noch einige Gruppen, wie die Pfarrgemeinde St. Nikolaus mit einem Pfarrfest und die Bahnhofstraße mit einem Straßenfest gemeldet, und sie wollen für

Planeil spenden. Und dann noch etwas: das Griesbräu-Kino bietet an, Ihren Planeil-Film während der Woche als Vorspann laufen zu lassen. Geht das?«

Als ich mit dem Kinobesitzer und auch der Fernseh-Abteilung telefoniere, stellt sich heraus, daß es einen Wust von Fragen gibt: Wie sieht es mit den Rechten aus? Wie kopiert man den schmäleren Fernseh-Film auf den breiteren Kino-Film? Wer ist dafür zuständig? Was kostet das? Und so fort.

Nach zwei Stunden weiß ich von einem Kollegen, der mir einen guten Rat geben möchte: »Es ist fast unmöglich! Es ist teuer, aufwendig und langwierig!«

Daß später dann doch noch der Film zur Verfügung stehen wird und das Kino schließlich eine Woche lang »Planeil – ein Dorf ruft um Hilfe!« spielen kann, ist in erster Linie den Fernsehjournalisten Christian Seiffert und Dietrich Goldberg der Redaktion »Unser Land« des Bayerischen Fernsehens zu verdanken. Ihrer Kenntnis des Rechts-, Dienstwegs- und Terminplan-Dschungels und ihrem Engagement ist es zuzuschreiben, daß schließlich die Murnauer sich im Kino über Planeil informieren können.

Schließlich ist es soweit:

»Zehn Jahre Kurgästehaus Murnau. Jubiliäumswoche vom 20.–26. Juli 1987. Einladung zum heiteren Eröffnungsabend am Montag, den 20. Juli 1987, 20.00 Uhr im großen Saal des Kurgästehauses Murnau. Wir würden uns über Ihre Teilnahme sehr freuen. Werner Frühschütz, 1. Bürgermeister, Schirmherr.«

In seinen Erklärungen zur Aktionswoche kann dann der Bürgermeister immer wieder darauf hinweisen, daß der Ort Murnau wie Planeil in seiner Geschichte von Großbränden heimgesucht wurde. Die Murnauer sind sich dessen bewußt, obgleich das erste Unglück bereits 1774 geschah (das zweite dann 1835, das dritte 1851). Denn fast jedes Murnauer Schulkind kennt den Bericht eines Chronisten von 1855:

»Das Andenken an dieses außerordentliche Unglück ist unter den Marktbewohnern noch lange nicht erloschen, obwohl fast niemand mehr am Leben ist, der es mit angesehen hat.«

Ist dadurch vielleicht ihre Bereitschaft erklärbar, neben dem Feiern die Not anderer nicht zu vergessen?

Bereits wenige Tage nach Abschluß dieser Aktionswoche telefoniere ich mit Fritz Walter Schmidt. Er freut sich unbändig:

»Wissen Sie, man kann sich gar nicht vorstellen, wie intensiv manche mitgemacht haben! Die Lose für die Tombola, die haben wir in Banken, in Geschäften und auch auf der Straße verkauft! Die Tombola selbst war bestens bestückt, da haben unsere Gewerbebetriebe sagenhaft mitgemacht, da gab's tolle Preise. Und was die verschiedenen Feste betrifft: Es war 'ne Wucht!«

Als erfolgreichste Gruppe beim Sammeln erwiesen sich die Hausfrauen, dann folgte die Kolpingsfamilie. Doch über zwei Drittel der Gesamtsumme war auf den Losverkauf in den Geschäften und im Kurgästehaus sowie auf die »Einkünfte« durch die Spendenkörbchen bei den Veranstaltungen zurückzuführen.

Welcher Ort hat sich jemals mit einer solchen Art der »Fremdenverkehrswerbung« versucht?

Rund vier Wochen lang haben die Mitarbeiter des Verkehrsamtes Murnau, also Fritz Walter Schmidt, Irmtraud Karlitschek, Manuela Reichelt und Gabi Büttner in ihrer Dienst- und Freizeit Menschen über das Schicksal der Planeiler informiert, haben für die Veranstaltungen geworben, Tag um Tag Lose verkauft, Gelder, Sachspenden in Empfang genommen, quittiert, gezählt, verpackt, geschrieben und telefoniert.

Als schließlich am 24. Oktober ein Bus mit allen Helfern sowie Vereinsvorsitzenden, dem Verkehrsamtsleiter und dem Bürgermeister nach Planeil startet, wird eine Urkunde und ein Scheck für den Wiederaufbau von Planeil mitgeführt: die Bürger von Murnau haben rund 30.000 Mark gestiftet!

Geld ist wichtig, aber nicht alles.

Was viele Murnauer Bürger zusätzlich gegeben haben, war zwar nicht sichtbar, aber genauso wichtig wie der dringend notwendige Beitrag zum Wiederaufbau: es ist ein Zeichen freiwilliger Solidarität, wie es heute selten geworden ist. Oder, wer das Wort nicht scheut: ein Zeichen christlicher Nächstenliebe.

*Die ›geordnete Berglandschaft‹ mit hochgelegenen Äckern, Almwiesen und schmucken Berghöfen zeugt von der harten Arbeit der Bergbauern über Jahrhunderte.*

# Die »Stille Hilfe« hilft still

## 25 Jahre Unterstützung für Südtiroler Bergbauern

Es ist der 15. März 1963, später Nachmittag. Am Marienplatz in München herrschen reger Verkehr und geschäftiges Treiben. Gegenüber der neugotischen Fassade des Münchner Rathauses befindet sich im vierten Stock das bekannte Hochcafé Peterhof. An einem Tisch sitzen vier Männer mittleren Alters, die drei Neuankömmlinge freundlich begrüßen. Bereits nach kurzer Zeit liegen vorbereitete Schriftstücke auf dem Tisch, werden gelesen, herumgereicht und diskutiert. Schließlich wird man einig: Der Verein »Stille Hilfe für Südtirol« ist gegründet.

Heute zählt die »Stille Hilfe für Südtirol e. V.« bereits 30.000 Mitglieder in vier Ländern, und rund 30 Millionen Deutsche Mark wurden seit Beginn der Aktion für Notfälle und hilfsbedürftige Bergbauern nach Südtirol überwiesen. Waren es in den frühen 80er Jahren noch etwa jährlich 1,5 Millionen Mark, konnten 1987 rund 2,1 Millionen Mark dafür angenommen werden.

Wer den bereits damals zum ersten Vorsitzenden gewählten und auch heute noch amtierenden Gerhard Bletschacher zu einem Gespräch über vergangene Zeiten zu bewegen sucht, hat Probleme. Denn es ist ziemlich schwer, bei ihm einen Termin zu bekommen. Der agile 57jährige Münchner bewältigt sein Tagespensum von frühmorgens fünf Uhr bis spät in die Nacht: als Geschäftsführer einer Kartonagenfabrik beginnt sein Tagwerk um sechs Uhr im Büro seiner Firma, sein Amt als Stadtrat und Pressesprecher der CSU-Fraktion übt er dann nach acht oder neun Uhr morgens aus, und wenn er nach Hause kommt, arbeitet er noch an seinen Akten oder kümmert sich um die Anforderungen der »Stille Hilfe e. V.«. Auch wenn seine vier Kinder bis auf die Jüngste schon auf eigenen Füßen stehen und seine Frau Jeanette mithilft, wo sie kann: manchmal sitzt er noch bis früh am Morgen am Computer, der im ausgebauten Keller seines Einfamilienhauses im Norden Münchens untergebracht ist: Dann tippt er Bitt- und Dankesbriefe oder gibt Abrechnungen ein.

Der enge Raum ist vollgestopft mit Akten, Kartons mit Briefen, unergründlichen Papierbergen und Schreibgeräten.

»Bitte, nehmen Sie Platz, ich hole schnell noch einen Kaffee!« Inzwischen mustere ich die Bilder an der Wand: eingerahmte Urkunden von Ordensverleihungen, dem Großen Tiroler Adlerorden, vom Bayerischen Verdienstorden und vom Bundesverdienstkreuz am Bande. Dazwischen Bilder von Häusern, Menschen und Landschaften. Auf Pappe aufgeklebt einige Zeitungsausschnitte: Eröffnung eines Kindergartens, eine Kuh für einen Bergbauern…

»Ja, das sind so meine Erinnerungen… Als wir vor 25 Jahren anfingen, da hätten wir niemals gedacht, daß wir einmal ein 25jähriges Jubiläum feiern, geschweige denn, daß wir in diesen Jahren so viele Mitglieder werden, die bislang insgesamt 30 Millionen Mark zusammengetragen haben.«

Er greift nach einem Packen Computer-Endlospapier, blättert wahllos darinnen:

»Hier, die letzte Aktion nach dem Film im Bayerischen Fernsehen: Tausende neuer Spender! Zwanzig Mark, fünfzig, zwanzig, dreihundert… Und das sind alles sogenannte ›kleine Leute‹, die hierbei sich oft die letzte Rentenmark vom Mund absparen… das kann man sich gar nicht vorstellen.«

Ich bremse ihn, schließlich will ich erst einmal etwas Allgemeines von ihm erfahren. Beispielsweise, warum man den Verein »Stille Hilfe« getauft hat.

»Das sind wir schon so oft gefragt worden, besonders von Jüngeren. Als wir den Verein im Jahr 1963 gründeten, beunruhigten Sprengstoffanschläge und der Kampf um die politische Autonomie die Bevölkerung in Südtirol und Mitteleuropa. Aber dieser damals schon lang andauernde Streit zwischen Italienern und deutschstämmigen Südtirolern war für uns auch kein Grund, sich in Südtirol zu engagieren. Andererseits wußten wir um das harte Los der südtiroler Bergbauern, wußten, daß dort Hilfe gebraucht wurde, und wir wollten helfen. Jedoch schränkten wir diese Hilfe mit einem ›Aber‹ ein. Sie sollte ›still‹, also ohne öffentlichen Rummel oder ohne politische Bindungen oder Prämissen verlaufen. Durch die Namensgebung für den Verein mit dem Wort ›Stille‹ wollten wir vom Beginn unserer Arbeit an signalisieren, daß unser Verein keine politischen Ambitionen hatte und sich auch gar nicht politisch engagieren wollte. Es ging uns, und ich darf auch sagen, es geht uns auch heute noch in allererster Linie nur darum, notleidenden Bergbauern zu helfen.«

»Die Arbeit der ›Stillen Hilfe‹ begann« – ich hatte in den Unterlagen gestöbert – »mit dem Bau des Kindergartens in St. Felix am Nonsberg. Wieso kamen Sie in Ihrem Verein auf die Idee, den Bergbauern gerade durch den Bau von Kindergärten helfen zu wollen?«

»Richtig, St. Felix am Nonsberg war unser erstes Projekt, und das war damals ein erklärtes Ziel der ›Stillen Hilfe‹. Wir wollten anfänglich nur den Bau von Kindergärten in Südtiroler Bergbauerndörfern unterstützen. Aber Ihre Frage danach ist nicht neu, sie taucht immer wieder auf, wieso wir gerade auf eine solche Idee kamen. Was haben Kindergärten mit dem Leben der Bergbauern zu tun? Wenn man sich jedoch mehr mit den Schicksalen, oder sagen wir undramatischer: mit dem Leben der Bergbauern beschäftigt, dann wird der Zusammenhang und die Notwendigkeit dieser Art von Hilfe sehr schnell deutlich.

Auf vielen Bergbauernhöfen reicht der Ertrag nicht, um die Familie zu ernähren, oder auch nicht, um neben dem Notwendigsten etwas Betriebskapital zu erwirtschaften. Notgedrungen muß der Vater entweder im Ausland oder aber unten im Tal Arbeit suchen. Seine Frau und, wenn vorhanden, die Jugendlichen müssen dann den Hof alleine bewirtschaften. Und das, in den ersten Jahren, mit einer meist großen Kinderschar, um die sie sich auch noch zu kümmern hat. Manchmal sind auch noch die Großeltern da, die versorgt werden müssen.

Um diese Frauen zu entlasten, war der Gedanke, in den Bergbauerndörfern in erster Linie nur Kindergärten zu bauen oder mitzufinanzieren, sehr naheliegend. Und seit der Gründung der ›Stillen Hilfe‹ im Jahre 1963 und dem Bau des ersten Kindergartens in St. Felix am Nonsberg, der im Oktober 1965 fertiggestellt wurde, sind diesem immerhin weitere 77 Projekte gefolgt.«

»Wann wurde der letzte Kindergarten fertiggestellt?«

»Der letzte Kindergarten wurde am 28.10.1987 in San Martin de Tor (St. Martin in Thurn), dem Zentrum der ladinischen Volksgruppe, eingeweiht.«

Ich frage nach, ob nicht heute für solche Maßnahmen eher das Land Südtirol zuständig sei.

»Sicher, aber wenn eine Gemeinde bauen will, braucht sie auch Eigenkapital – und da hapert es oft. Doch die Förderung von Kindergärten steht heute nicht mehr so sehr im Mittelpunkt unserer Hilfsaktionen. Denn es ist richtig: mit der zunehmenden Autonomie des Landes stehen der Südtiroler Landesregierung auch mehr Finanzmittel zur Verfügung, um die notwendigen Kindergärten selbst zu bauen. Während wir anfangs noch 60 bis 70 Prozent der Baukosten übernahmen, ist es heute nur noch ein maximaler Finanzierungsanteil von 10 bis 20 Prozent. Zudem werden seit fünf Jahren höchstens noch ein bis zwei Kindergärten pro Jahr von uns mitgetragen. In den ersten Jahren waren es sechs, manchmal sogar sieben Kindergärten, deren Bau wir unterstützten. Dadurch wurden natürlich Mittel für andere Projekte frei, und so haben wir uns seit 1980 mehr auf Einzelhilfen für Bergbauern konzentriert.«

»Herr Bletschacher, wie sieht diese soziale Einzelhilfe konkret aus?«

»Vor allem unterstützen wir mit unseren Zuwendungen Bergbauernfamilien, die plötzlich und meist unverschuldet in Not geraten sind. Sei es, daß ein Familienmitglied gestorben ist, das für den Unterhalt der anderen gesorgt hatte, oder daß eine Naturkatastrophe die Grundlagen für ein weiteres Verbleiben auf dem Berghof zerstört hat. Aber auch die Renovierung alter Bauernhöfe und die Rettung von Höfen, die kurz vor der Versteigerung stehen, sind mögliche Gründe für eine finanzielle Unterstützung durch die ›Stille Hilfe‹.

Es ist ja immerhin ein großer Unterschied, ob eine Bauernfamilie letztendlich auf dem Hof bleiben kann und damit viel soziale Not verhindert wird, übrigens auch eine Belastung für die Gesamtgesellschaft, oder ob der Hof an einen Nicht-Bauern versteigert wird, der dann eine Zweitwohnung daraus macht. Nur so kann eine überkommene Infrastruktur erhalten werden.

Die Leistungen, die die Bergbauern für eine intakte Umwelt bringen, sind ja unbestritten. Städter lieben die almwirtschaftlich gepflegte Berglandschaft – und dadurch wird auch das Tourismusgeschäft belebt. Aber noch viel bedeutsamer ist die wichtige Funktion der Bergbauern für die empfindsame Ökologie der Bergwelt: dort, wo sie naturgerecht arbeiten, werden Erosionen und damit auch Murenabgänge verhindert! Und dort, wo die Bergbauern oft mit den Steigeisen an den Füßen das Heu einbringen, bilden sich im geringeren Maß Schneerutsche und Lawinen. Indirekt wird damit auch der Wasserhaushalt beeinflußt. Da viele Bauern an einem Bergwald beteiligt sind, achten sie ebenso auf die Funktion der Schutzwälder.«

»Wie aber geht die ›Stille Hilfe‹ vor, wer wird von ihr gefördert? Treten denn die Bergbauern mit der Bitte um Unterstützung direkt an den Verein heran?«

Gerhard Bletschacher greift nach einem Akt und schlägt mit der flachen Hand darauf: »Hier drinnen beispielsweise haben wir ein Verzeichnis von vielen in Not geratenen Bergbauern.«

Er klappt den Ordner auf und holt aus einer Klarsichtfolie eine umfangreiche Liste mit Namen hervor.

»Das ist so eine Auswahl der unterstützenswerten Fälle, die in Zusammenarbeit mit dem Landwirtschafts-Assessorat der Südtiroler Landesverwaltung und dem Südtiroler Bauernbund getroffen werden. Nach dem gleichen Muster wird die Finanzierung von Kindergärten verabschiedet. Wir stützen uns dabei auf Vorschläge einer Kommission, der auch der Südtiroler Landeshauptmann Silvius Magnago, der Landesrat Anton Zelger, die Landtagspräsidentin Waltraud Gebert-Deeg und der Europa-Parlamentarier Joachim Dalsass angehören.«

Um das Ganze zu konkretisieren, liest er einige tragische Fälle vor:

»Hier eine Familie im Pustertal, der Mann tödlich verunglückt, ein behindertes und vier schulpflichtige Kinder. Oder eine andere Familie, da sind alle Gebäude abgebrannt, und das auf 1600 Metern Höhe. Die brauchen dringend wieder ein Dach über dem Kopf. Und hier, bei diesem Fall, da haben wir bereits zwei Kühe gestiftet, und jetzt braucht er einen Traktor... Den Bauern kenne ich persönlich, und da weiß ich, daß das Spendengeld richtig angelegt ist. Der ist fleißig!«

Ich unterbreche ihn: »Sie unterstützen aber nicht nur in Not geratene Bergbauernfamilien, sondern haben auch zusammen mit dem Südtiroler Bauernbund einen Bergbauernpreis für herausragend geführte landwirtschaftliche Betriebe gestiftet?«

»Ja, wir wollen damit ausgewählte Bergbauern unterstützen, die ihre extrem gelegenen Höfe in mustergültiger Weise bewirtschaften und damit fortwährend beweisen, daß ein wirtschaftliches, erfolgreiches Arbeiten auch als Bergbauer möglich ist. Zur Zeit ist diese Auszeichnung, eine Urkunde, mit einem Geldpreis von sechs Millionen Lire verbunden (ca. 8.400 Mark). Darüber hinaus wirken wir am Aufbau verschiedener sozialer Einrichtungen in Südtirol mit, zum Beispiel dem Kolpinghaus oder dem Blindenheim in Bozen. Aber auch der Südtiroler Landesrettungsdienst ›Das Weiße Kreuz‹ wird durch unsere Hilfe mitfinanziert. Zwanzig Fahrzeuge konnten mittlerweile durch unsere Unterstützung in Dienst gestellt werden.

Was mir persönlich besonders am Herzen liegt, sind die Stipendien, mit denen wir begabten südtiroler Kindern und Jugendlichen eine umfassende Schulausbildung ermöglichen können. Dabei schlagen uns meist Heim- und Schulleiter die unterstützungsbedürftigen Schüler vor. Tatsächlich darf ich feststellen, daß wir wirklich ganz begabte Leute gefördert haben, die später in Südtirol auch ihren Mann gestanden und die in Schulen und auf Universitäten sogar Auszeichnungen erhalten haben. Sie haben nie vergessen, woher die Unterstützung kam!«

»Wer spendet das Geld für die ›Stille Hilfe‹?«

»Das Geld kommt durch Spenden, durch Mitgliedsbeiträge

und durch gestiftete Erbschaften zusammen. Es werden aber keine fixen Mitgliedsbeiträge erhoben, sondern jedes Mitglied gibt so viel, wie es sich leisten kann.«

Ich staune – denn üblich ist es doch, daß ein Verein, zumindest in einer solchen Größenordnung, über ein gewisses »Einkommen« verfügen muß, will er Zusagen und Finanzierungsprogramme einhalten. »Wer sind denn die Mitglieder der ›Stillen Hilfe‹, auf wen kann sich der Vorstand in einer solchen Weise verlassen, wie Sie es tun?«

Die Antwort zeugt sowohl von Kenntnis als auch Selbstvertrauen: »Zwanzig Prozent unserer Mitglieder sind zwischen fünfzig und sechzig Jahre alt. Fast dreiviertel der Mitglieder sind über sechzig Jahre, und nur fünf Prozent unserer Mitglieder sind jünger als fünfzig Jahre. Trotz dieser ›Überalterung‹ sind aber die Mitgliederzahlen in den letzten Jahren weiter angestiegen. Die meisten Mitglieder leben in der Bundesrepublik, an erster Stelle in Bayern, dann in Nordrhein-Westfalen. Aber auch über eintausend Südtiroler sind Mitglieder unseres Vereins. Was hierbei besonders auffällt: unsere Mitglieder in Südtirol sind wesentlich jünger als der Gesamtdurchschnitt in der ›Stillen Hilfe‹. Das mag vielleicht daran liegen, daß die jüngeren Südtiroler eher erkannt haben, daß es uns wirklich nur um die reine Hilfe geht und um keinerlei politische Inhalte.«

Als ich hier einhake und nach »politischen Inhalten« und »parteipolitischer Ausrichtung« frage, winkt Gerhard Bletschacher leicht ab: »Ich kann mit Stolz sagen, daß die ›Stille Hilfe‹ eine der ganz wenigen Vereinigungen in der Bundesrepublik ist, in der sich politische Parteigegner nicht feindlich gegenüberstehen.«

Erst nach einer Woche ist ein weiterer Gesprächstermin möglich: im Rathaus von München, in seinem Amtszimmer.

»Wo waren wir stehengeblieben?«

Ich versuche dort anzusetzen, wo eine möglicherweise unangenehme Frage nur halb beantwortet werden konnte: Ob sein Engagement bei der »Stillen Hilfe« nicht doch von einer konservativen Einstellung getragen werde und ob nicht parteipolitisches Interesse eine bestimmende Rolle spiele?

Gerhard Bletschacher antwortet offen und präzise: »Nein, ganz und gar nicht. Parteipolitik hat noch nie eine Rolle gespielt. Das fängt schon im Vorstand an. Ich bin zum Beispiel seit Ende der 60er Jahre Parteimitglied der CSU und mittlerweile ehrenamtlicher CSU-Stadtrat in München. Der 2. Vorsitzende des Vereins aber, Herr Walter Layritz, gehört schon ein paar Jahre länger der Münchener SPD an. Wir verstehen uns prächtig, und es hat auch während unserer Zusammenarbeit bei der ›Stillen Hilfe‹ nie größere Probleme gegeben.

Was die politische Prominenz unter unseren Mitgliedern betrifft, können wir sowohl den Fraktionsvorsitzenden der Bonner Bundestagsfraktion der SPD, Hans Jochen Vogel, als auch den Bayerischen Ministerpräsidenten Franz Josef Strauß und den Bundeskanzler Helmut Kohl zu den Gönnern unseres Vereins zählen.

Parteipolitik war und ist bei uns ›kein Thema‹, da achten wir sehr sorgfältig drauf.«

Da das Aktenstudium ergeben hat, daß im Etat der »Stillen Hilfe« kein Posten für Personal-, Reisekosten und ähnliches ausgewiesen ist, frage ich danach und auch, ob alle Mitglieder tatsächlich umsonst, also ehrenamtlich arbeiten.

»Richtig, alle Mitglieder der ›Stillen Hilfe‹ arbeiten ehrenamtlich, nicht einmal Kosten für notwendig gewordene Reisen werden von uns übernommen. Und was mich persönlich betrifft, so sitze ich abends lieber am Computer und erledige die Verwaltungsarbeit, als daß ich vor dem Fernseher sitze.« Und als ich etwas mit der nächsten Frage zögere, zuckt er die Achseln und schürzt etwas die Lippen: »Es gibt bei uns auch keinen hauptamtlichen Geschäftsführer, obwohl wir den bei unserem Spendenaufkommen manchmal brauchen könnten.«

Und nicht nur hierbei, denke ich, und ich erinnere mich amüsiert an die Aktenberge in seinem halbdunklen Keller:

»Wenn man als Besucher und Tourist durch Südtirol fährt, versteht man nicht immer, wieso ein Verein wie die ›Stille Hilfe‹ überhaupt noch Unterstützung geben muß. Auch haben schon mal einige Südtiroler behauptet, Südtirol habe das Betteln nicht mehr nötig. Ist die ›Stille Hilfe‹ überhaupt noch zeitgemäß?«

Bletschacher runzelt etwas die Stirne: »Das haben Sie wohl in einem Artikel gelesen? Ja, solche Stimmen hat es natürlich gegeben, und ich bin mir sicher, daß es ähnliche Meinungen immer wieder geben wird. Wobei ich solchen Leuten gerne empfehlen möchte, doch einmal selbst auf einen der von uns unterstützten Bergbauernhöfe zu gehen und denen dort zu erzählen, daß das eigentlich nicht notwendig gewesen sei! Wissen Sie, bis manchmal über die Behörden Hilfe geleistet werden kann, dauert das so seine Zeit. Oder aber die Betroffenen brauchen ein bestimmtes Eigenkapital, um in den Genuß staatlicher Zuwendungen zu kommen... Für manchen fleißigen Bergbauern hätte keine Bank einen noch so kleinen Kredit übrig. Manche machen es sich schon sehr leicht!

Aber schon bei der Gründung des Vereins sahen wir die Arbeit der ›Stillen Hilfe‹ als eine Art ›Arbeit auf Zeit‹ an, und es wäre mir persönlich auch viel lieber, wenn die Südtiroler Gemeinschaft ihre Probleme schon selbst lösen könnte. Aber die Zahl der Notfälle in Südtirol ist immer noch so groß, daß wir ohne weiteres innerhalb von vierzehn Tagen auch über eine Million Mark für berechtigte Einzelhilfen ausgeben könnten. Aber wir entscheiden ja keinesfalls ohne die Südtiroler. Immerhin wird jedes Jahr zusammen mit den südtiroler Mitgliedern überlegt, welche Art von Hilfe wir noch leisten können und natürlich auch müssen, und in welche Richtung diese Hilfe zielen muß. Aber eines Tages, das denke ich doch, wird der Verein mit Sicherheit aufgelöst werden. Die Struktur des Vereins ist jedenfalls nicht darauf ausgerichtet, sich mit sich selbst zu beschäftigen. Die Arbeit der ›Stillen Hilfe für Südtirol‹ war immer nur auf eine bestimmte Zeit begrenzt. Und was ich in diesem Zusammenhang noch anführen möchte: alle üblichen Merkmale eines allgemeinen Vereinslebens fehlen uns! Unser Ziel kann nur sein, dort zu helfen, wo das Land Südtirol aus eigener Kraft nur begrenzte Hilfsmöglichkeiten hat.

Aus diesem Grunde haben sich in den 25 Jahren unseres Bestehens die Aufgaben entscheidend gewandelt. Während unsere Tätigkeit vordringlich mit der Hilfe beim Bau von Kindergärten begann, liegt jetzt das Schwergewicht unserer Arbeit in der Förderung extrem gelegener Bergbauernhöfe, die dem Land und auch der ganzen Alpenregion erhalten werden müssen.

Wenn unsere Südtiroler Freunde einmal feststellen sollten, alle von uns unterstützten Maßnahmen allein bewältigen zu können und es keine neuen, im Augenblick vielleicht noch gar nicht erkannte Probleme gibt, dann wird sich unser Verein auflösen. Dies aber mit dem Gefühl, unseren Mitbürgern in Südtirol auch auf dem Wege zur sozialen und wirtschaftlichen Selbständigkeit ein klein wenig geholfen zu haben.«

Da ich weiß, daß manche politisch aktiven Mitbürger gerade bei einer solchen Unterstützung bereits eine Einmischung in die politische Struktur eines anderen Staates zu sehen vermeinen, möchte ich an dieser Stelle von Gerhard Bletschacher noch eine deutlichere Antwort: »Ist die Erhaltung einer deutschsprachigen Kultur in Südtirol nicht auch ein Grund für die Hilfeleistungen des Vereins?«

Gerhard Bletschacher nickt kräftig: »Bei diesem Thema gibt es ab und zu Leute, die hier Beckmesserei betreiben möchten. Natürlich ist es ein Wunsch eines großen Teils unserer Spender, der deutschen Volksgruppe in Südtirol kräftig unter die Arme zu greifen. Schließlich hat diese ja wie auch jede andere kulturelle und sprachliche Minderheit ein Recht darauf, ihre Kultur und Eigenart weiterzugeben und nicht unterdrückt zu werden. In diesem Zusammenhang halte ich von offiziellen Patenschaften allerdings wenig. Die Freundschaft mit Südtirol ist jedermanns persönliche Angelegenheit und Anliegen. Was die meisten Mitglieder unseres Vereins betrifft, so ist eine größere als die bestehende Zuneigung schon fast nicht denkbar. Denn seit Jahrzehnten, beginnend mit der Zeit der Verfolgung im Jahr 1923, haben viele Menschen in Mitteleuropa, besonders aber auch in Bayern, in besonderer Weise Anteil am Geschehen in Südtirol gezeigt. Natürlich wissen wir, daß wir als Deutsche offiziell kein Recht haben, uns in die politischen Belange der Südtiroler einzumischen. Aber wenn wir uns um das Wohlergehen der Menschen kümmern und ihnen auch helfend beistehen können, entstehen zahlreiche Bande der Freundschaft und des Vertrauens – auch über trennende Grenzen hinweg. Im Zeichen des Zusammenwachsens der europäischen Volksgruppen ist es nur zu wünschen, daß manche politischen Probleme eines Tages gegenstandslos geworden sind und sich von selbst erledigt haben.«

Daß das auch die Südtiroler so sehen, will mir Gerhard Bletschacher noch anhand eines Dankschreibens des Kulturreferenten der Südtiroler Landesregierung, Dr. Anton Zelger, demonstrieren. Ich spüre zum erstenmal so etwas wie Stolz bei ihm, als er mir das Schreiben über den massigen Schreibtisch reicht.

»25 Jahre ›Stille Hilfe für Südtirol‹ e. V. bedeuten 25 Jahre Freundschaft mit Südtirol!«

»Auf diesen einfachen Nenner gebracht, möchte ich das Vierteljahrhundertjubiläum der ›Stillen Hilfe für Südtirol e. V.‹, die im Jahre 1963 von guten Freunden in Bayern mit Gerhard Bletschacher an der Spitze gegründet worden ist, bezeichnen. Herr Bletschacher ist seit jenem Zeitpunkt die ›gute Seele‹ des Vereins, er baute ihn auf und aus, er gab ihm seine innere Struktur und verlieh ihm Ausrichtung und Zielsetzung.

Herr Bletschacher war es dann auch, der so manche Initiative in Südtirol aufspürte oder ergriff und nach Kräften förderte. So gäbe es beispielsweise heute in Südtirol gewiß kein so dichtes Netz an Kindergärten, wenn nicht die ›Stille Hilfe für Südtirol‹ viele dieser Projekte – nahezu 80 Neu- und Umbauten – materiell und substanziell unterstützt hätte. Damit tritt aber immer wieder in sehr anschaulicher Weise zutage, daß der Schutz deutschen Volkstums der ›Stillen Hilfe für Südtirol e. V.‹ stets ein großes Anliegen ist.

Unzählige Stipendien, ohne die vor allem viele Bergbauernkinder niemals an ein Studium hätten denken können, zahlreiche Zuwendungen an in Not geratene Bergbauern oder an sogenannte ›soziale Fälle‹ und viele sonstige Zuwendungen bilden in erster Linie jene Einstellung zur Hilfeleistung, mit der sich die vielen Mitglieder und Spender der ›Stillen Hilfe für Südtirol‹ primär identifizieren. Dies stellt – etwas poetisch ausgedrückt – das wohl wichtigste Lebenselixier des Vereins dar, aus dem die vielen Mitglieder, Freunde und Gönner letztlich die Kraft für ihre vielseitigen Tätigkeiten schöpfen.

So möchte ich der ›Stillen Hilfe für Südtirol‹ mit Herrn Gerhard Bletschacher und seiner Familie an der Spitze, die neben dem erfolgreichen geistigen Einsatz durch all die Jahre herauf auch die gesamte bürokratische Arbeit ehrenamtlich bewältigen, aufrichtig danken für die unzähligen Hilfeleistungen, die den Deutschen und Ladinern im südlichen Tirol zuteil werden. Diesem Dank darf ich den Wunsch anschließen, daß sich die ›Stille Hilfe für Südtirol‹ die Anliegen Südtirols auch in Zukunft zu ihren eigenen Anliegen macht und daß sie verbunden damit unserem Lande immer wieder neue Freunde zuführt. In dieser engen geistig-kulturellen Rückendeckung im deutschen Kulturraum liegt nämlich für die deutsche und ladinische Volksgruppe die größte Garantie, wenn es darum geht, auf lange Sicht fortzubestehen.

-Dr. Anton Zelger-
KULTURREFERENT
IN DER SÜDTIROLER LANDESREGIERUNG

Das Gespräch mit Gerhard Bletschacher wird jäh vom aufdringlichen Klingeln des Telefons unterbrochen. Ein Rundfunk-Journalist will unbedingt wissen, wann mit den Bauarbeiten in Moosach wieder begonnen werde. Stadtrat Bletschacher verspricht, sich darum zu kümmern. Der Alltag hat ihn wieder. Mit entschuldigenden Gesten und Worten hilft er mir, die sieben Ordner mit

Zeitungsausschnitten aus der 25jährigen Vereinsarbeit in Plastiktüten zu verstauen und bringt mich noch hinunter zum Auto.

»Wissen Sie, es macht ja auch Spaß. Es ist einfach eine Freude, wenn man wieder mal nach Südtirol fährt, um zu sehen, was man mit den Spenden alles Gutes getan hat.« Er zögert ein wenig, als sei der Satz ihm suspekt: »Es ist schön.«

Auf die Frage, ob ihm denn die Arbeit nicht zu viel werde, macht er nur eine wegwerfende Handbewegung: »Nein, nein... Das da ist für mich alles keine Arbeit, es macht ja, wie gesagt, unheimlich viel Freud', und die brauch' ich!« Mit einem herzlichen Händedruck verabschiede ich mich von Gerhard Bletschacher, steige in mein Auto und fahre ins Büro.

Eine Unzahl von Zeitungsausschnitten, Briefen, Drucken und anderen Dokumenten. Dem ältesten Ordner sieht man schon von außen an, das er seit langem aus dem aktiven Gebrauch ausgemustert wurde. Doch er birgt ein faszinierendes Kapitel der jüngsten Geschichte Südtirols, einen lebensbestimmenden Zeitabschnitt für die sieben Gründungsmitglieder des Vereins. Und bereits für einige Südtiroler, die damals, wie durch ein kleines Wunder, Hilfe von außerhalb ihrer Staatsgrenzen erhalten haben: Die ersten fünf Jahre Vereinsarbeit.

Warum sich Menschen in Bayern ausgerechnet um Bergbauern in Südtirol Sorgen machen, interessiert auch heute noch so manchen. Gerhard Bletschacher hat es einmal in einem Interview mit der Südtiroler Urlaubszeitung gesagt: »Es scheint mir immer wieder wie ein Wunder, wie Menschen an ihrer Scholle festhalten..., obwohl sie auf den extrem steilen Bergwiesen das Heu oft nur auf Steigeisen einbringen können.«

Die Bewunderung für diese südtiroler Bergbauern ist unüberhörbar. Und wenn man dann die Sehnsucht von Städtern kennt, einmal aus der Unrast, dem Lärm und Dreck ihres Lebensraums zu entfliehen, dann ist eines ihrer Wunschbilder die Abgeschiedenheit, Ruhe und Geborgenheit einer intakten Heimstatt. Fast instinktiv möchten sie dann völlig auf Komfort verzichten; ein einfaches Lager, einfache Kost und körperliche Arbeit in frischer Luft ist das, was sie sich wünschen. Am Abend die warme Stube, Kerzenschein, mit Familie und Freunden gemeinsam um einen

Tisch sitzen, Zeit für sich haben und das Leben in natürlicher Frömmigkeit und im Respekt vor der Natur verinnerlichen.

Daß das nur eine verlogene Romantik ist, verdrängen die meisten: das Wunschbild und auch Vorurteil ist zu schön! Sie wollen sich von der augenscheinlichen Romantik der Bergwelt faszinieren lassen. Wer hat nicht schon daran gedacht, daß so ein Bergbauernhof oben im Pustertal eine echte Alternative zu einer Eigentumswohnung in der smogerfüllten Stadt wäre?

Doch je mehr ich mich mit den Akten der »Stillen Hilfe« beschäftige, desto deutlicher wird mir, daß man in solchen Träumen geflissentlich die harte Arbeit übersieht, die Aufopferung für den Hof, die Tiere, das Land. Naturverbundenheit – ja, doch die Natur ist hart und verzeiht keinen Fehler.

Man läßt außer acht, daß das Tagwerk mancher Höfe nur mit härtester Handarbeit geschafft werden kann. Man übersieht, daß oft ein Jahreseinkommen von umgerechnet 10 000 Mark genügen muß, um eine kinderreiche Familie durchs Leben zu bringen. Man übersieht, daß in einem Krankheitsfall der Kranke auch bei tiefverschneiten Wegen bis zur nächsten Straße getragen werden muß und dann noch einen weiten, oft gefährlichen Weg zum Arzt zu überstehen hat. Man übersieht die mühevolle Arbeit der Bäuerin, wenn sie die Wäsche ihrer Familie auch heute noch im Wäschetrog nur mit einem Waschbrett säubern muß. Man übersieht, daß es einfach oft keine freie Zeit, keine ›Freizeit‹ auf dem Berghof gibt, sondern daß die Natur nicht nur den Tagesablauf diktiert, sondern auch oft noch den Lohn der Arbeit verdirbt. Viele wollen es einfach nicht wahrhaben, das karge Leben mancher Bergbauern in Südtirol, und sie halten an der Fiktion einer Idylle fest.

Als Gerhard Bletschacher 1957 zum ersten Mal nach Südtirol kam, war er von der Natur und vom harten, aber naturnahen Leben der Bergbauern tief beeindruckt. Seine Wanderungen führten ihn damals in das Gebiet von Mölten und Hafling. Als an seiner Umwelt interessierter Mensch, und weil es seine Art ist, sprach er dabei mit einer Reihe von Bergbauern, die alle mit ihrem Leben äußerst zufrieden waren. Sie stellten keine überzogenen Ansprüche an das Leben.

Aber schon nach kurzer Zeit bemerkte er, daß diese Zufriedenheit dort aufhörte, wenn jemand krank wurde, oder wenn das Geld fehlte, um die oft sehr alten Berghöfe, in denen nicht nur die Arbeit vieler Generationen steckte, sondern die auch die Existenzgrundlage der Familien waren, zu renovieren oder neu aufzubauen.

Gerhard Bletschacher bewunderte diese Menschen, die ihre herbe Landschaft durch ihre Arbeit erhielten und pflegten, ohne daraus große Forderungen abzuleiten. Menschen, die trotz großer Schwierigkeiten, in einer für die Landwirtschaft ausgesprochen problematischen Höhenlage, bei oft steilsten Hängen und schwierigen klimatischen Bedingungen, ihre wenigen Hektar Bergweiden bewirtschaften, und die dann ohne Neid auf jene blicken, die unten im Tal ein materiell gesichertes Leben führen können. Daß unter solchen Bedingungen sich ein ganz bestimmter, charakteristischer Menschenschlag entwickeln kann, versteht sich von selbst. Härte, auch gegen sich selbst, Unbeugsamkeit, Gemeinschaftsgeist, Stolz auf die eigene Kraft.

Gerhard Bletschacher vergaß seine südtiroler Erlebnisse nicht. Er war beeindruckt und fasziniert von den Bergbauern, die er kennengelernt hatte. Jahrelang befaßte er sich dann sehr intensiv mit dem Leben der Bergbauern und half auf seinen Fahrten nach Südtirol aus, wo immer er konnte. Eines Tages sprach ihn der Diplom-Landwirt Eberhard Fasching an:

»Wir wollen einen Verein gründen, der unten in Südtirol den Bergbauern helfen möchte. Aber der Verein braucht unbedingt sieben Gründungsmitglieder, und ich weiß doch von Ihnen, daß Sie schon seit Jahren nach Südtirol fahren und genauestens über das Leben und die Schwierigkeiten der Bergbauern Bescheid wissen. Das wär' doch eine feine Sache! Machen S' halt mit, Herr Bletschacher!«

»Ja, das ist selbstverständlich.«

Daß er dann auch noch Vorsitzender des Vereins wurde, war mehr dem Zufall überlassen als Bestimmung. Eigentlich hätten der Oberrechtsrat Dr. Franz Sieber und Eberhard Fasching den Vorsitz übernehmen müssen, denn die hatten noch weit mehr Erfahrung ›in Sachen Südtirol‹. Doch aus beruflichen und familiären Gründen wollten oder konnten sie nicht voll einsteigen. Sie sahen voraus, daß so ein Vorsitz sehr viel Zeit kosten und Arbeit bedeuten würde. So kam es, daß sie den damals dreißigjährigen Gerhard Bletschacher aufforderten, den Posten des ersten Vorstands zu übernehmen. Als man sich im Café Peterhof am Münchner Marienplatz traf, war von den Juristen alles schon schriftlich vorbereitet. Die Zielsetzung des Vereins war klar, da gab es keine Differenzen unter den sieben Gründungsmitgliedern: Eberhard Fasching, Walter Layritz, Wilhelm Kahlich, Adolf Lehne, Carl Reinkunz, Dr. Franz Sieber und Gerhard Bletschacher.

Nachdem sie sich über einige Formulierungen in der Satzung noch geeinigt hatten und die verschiedenen Funktionen verteilt waren, lag nur noch der Gang zu den Behörden wegen der offiziellen Anmeldung vor ihnen. Auf diese Weise wurde am 15. März 1963 der Verein »Stille Hilfe für Südtirol e. V.« ins Leben gerufen.

*Vorstandsmitglieder seit 1963*

| | | |
|---|---|---|
| Gerhard Bletschacher | 1. Vorsitzender | seit 15.3.1963 |
| Walter Layritz | 2. Vorsitzender | seit 15.3.1963 |
| Wilhelm Kahlich | Vorstand | seit 15.3.1963 |
| Eberhard Fasching | Vorstand | vom 15.3.1963 bis 28.1.1966 |
| Franz Sieber | Vorstand | vom 15.3.1963 bis 16.3.1979 |
| Karl-Heinz Lemmrich | Vorstand | vom 28.1.1966 bis 14.3.1987 |
| Oskar Beling | Vorstand | vom 16.3.1973 bis 14.3.1987 |
| Franz Defregger | Vorstand | seit 14. 3. 1987 |
| Alois Hofmann | Vorstand | seit 14. 3. 1987 |

Damals hatten sich die Vereinsmitglieder das einzige Ziel gesetzt, in erster Linie einen Kindergarten in St. Felix am Nonsberg zu errichten. Natürlich sollte, wenn es die Zeit und die Spenden erlaubten, auch noch der Bau eines zweiten, vielleicht sogar dritten Kindergartens ins Auge gefaßt werden. Auf diese Weise, so hofften die sieben Akteure, hätten sie einige Bergbauernfamilien ein wenig entlasten können.

Was sich daraus entwickelte, wissen wir.

Das erste Rundschreiben wurde dann ein gutes halbes Jahr später an die ersten Spender verschickt. Es beginnt mit einer Entschuldigung. Die Mitglieder des Vereins sollen darüber nicht ungehalten sein, daß das Rundschreiben erst jetzt nach so langer Zeit zugesandt würde, aber es seien mit dem Aufbau dieses Vereins so viele Arbeiten verknüpft, daß man nicht so schnell reagieren könne:

»Nach den ersten organisatorischen Arbeiten war es notwendig, beim Finanzamt für Körperschaften die Gemeinnützigkeits- und besondere Förderungswürdigkeitsbescheinigung zu erhalten. Erst dann konnte mit der Mitgliederwerbung begonnen werden. Mit Absicht haben wir uns in dieser ersten Phase des Aufbaues an einen begrenzten Personenkreis gewandt. Dank dieser Taktik ist es uns gelungen, angesehene Persönlichkeiten aus der Beamtenschaft wie auch aus dem politischen und wirtschaftlichen Leben für unsere Ziele zu gewinnen. Trotz der kurzen Zeit unseres Bestehens und der Urlaubsmonate steht uns bereits jetzt ein jährliches Beitragsaufkommen von DM 4200.– zur Verfügung.«

Mit diesem Geldbetrag wurden bereits kurz nach der Gründung des Vereins durch die Vermittlung von Patenschaften und Sachspenden arme, kinderreiche Familien in Südtirol unterstützt. In der Gemeinde Laatsch konnte der Ausbau eines Jugendheimes mitfinanziert und die Bibliothek des Heimes durch zahlreiche Buchspenden der Vereinsmitglieder erweitert werden. Daß das hauptsächliche Bestreben des Vereins auf den Bau des Kindergartens in St. Felix am Nonsberg gerichtet war, wird in dem Rundschreiben nochmals deutlich erwähnt:

»Unser Hauptaugenmerk richteten wir in den vergangenen Monaten aber auf die Vorbereitung einer Spendenbriefsammlung für den Bau des Kindergartens in St. Felix am Nonsberg. Durch großzügige Spenden, die uns zur Verfügung gestellt worden sind, war es möglich, den Betrag für das zum Ankauf vorgesehene Grundstück bereitzustellen. Diese Opferbereitschaft un-

# Stille Hilfe für Südtirol e.V.

8 MÜNCHEN-FELDMOCHING · KARLSFELDER STRASSE 29 · TELEFON 32 07 36

Postscheckkonto München Nr. 158600 · Bankkonto: Bayer. Vereinsbank, Hauptniederlassung München, Kt.-Nr. 328548

---

*Lieber Freund unserer Herzensheimat im uralten bairischen Siedlungsboden zwischen Ortler und Haunold, Brenner und Salurn!*

Nur wenige Autostunden von unserer Landesgrenze entfernt, in der herrlichen Welt Südtirols, in der Bergeinsamkeit und in den entlegenen Tälern, leben Menschen, die unsere Sprache sprechen, die einst von Bayern kommend diesen kargen Boden kultiviert haben. Heute führen sie den harten Existenzkampf der Bergbauern. Dieses Leben ist erschwert, wie man es im deutschsprachigen Raum in diesem Ausmaß sonst nirgends findet. Dazu kommt meist noch eine große Kinderschar, der oft das Nötigste fehlt. Um in brüderlicher Nächstenliebe diesen Menschen zu helfen und Sie in der Bewahrung ihres Volkstums zu unterstützen, wurde der Verein

**Stille Hilfe für Südtirol e. V.**

gegründet, der ehrenamtlich geleitet wird.

§ 2 der Satzung lautet:

„Der Verein hat, der Erhaltung des Volks- und Brauchtums dienend, zur ausschließlichen Zielsetzung, im Rahmen seiner Leistungsfähigkeit allen in Not geratenen Angehörigen der deut-

bauernfamilien und -dörfer unterstützt werden. Der Verein verfolgt nur gemeinnützige und mildtätige Zwecke. Jede politisch geartete Tätigkeit des Vereins wird ausgeschlossen."

Diese Arbeit stellt eine unmittelbare Entwicklungshilfe für die deutsche Volksgruppe in Südtirol dar.

Bitte helfen Sie uns daher durch ihren Beitritt zu unserem Verein und durch Adressenangabe von gleichgesinnten Freunden.

Die Gründungsmitglieder des Vereins

**Stille Hilfe für Südtirol e. V.**

**Gerhard Bletschacher,** Prokurist
1. Vorsitzender

**Walter Layritz,** Rechtsrat
2. Vorsitzender

**Eberhard Fasching,** Dipl.-Landwirt
**Wilhelm Kahlich,** Bankkaufmann
**Adolf Lehne,** Rechtsanwalt
**Carl Reinkunz,** Betriebsleiter i. R.
**Dr. Franz Sieber,** Oberrechtsrat

Gemeinnützigkeit und besondere Förderungswürdigkeit vom Finanzamt für Körperschaften anerkannt.

Anlagen:
1 Beitrittserklärung
1 Zahlkarte

serer Freunde war mit eine Voraussetzung, weshalb das Bayerische Staatsministerium des Innern mit Entschließung vom 13. September 1963 uns für die Zeit vom 1.10. bis zum 30.11.1963 die Sammlung im Freistaat Bayern genehmigt hat. In ehrenamtlicher Tätigkeit wurden die organisatorischen Voraussetzungen für diese Sammlung geschaffen.«

Den Spendern wird in diesem Rundschreiben noch besonders herzlich gedankt, aber sie werden gleich mit der Bitte um zusätzliche Hilfe angesprochen. Noch mehr Spenden seien für den Bau des Kindergartens nötig.

Dieser Aufruf blieb nicht ungehört. Waren es im Oktober nur 4200 Mark, die in die Spendenkasse der ›Stillen Hilfe‹ wanderten, so kamen in den verbleibenden zwei Monaten über 91000 Mark an Spendengeldern zusammen. Dem Bau des Kindergartens stand nichts mehr im Wege.

Die 102000 Mark, die im ersten Jahr der Vereinsarbeit gespendet wurden, waren jedoch nur der Anfang. Am besten kann man sich die Entwicklung der Spendengelder vor Augen führen, wenn man die Zuwendungen der »Stillen Hilfe« in den Jahren 1963 mit denen von 1986 vergleicht (siehe Seite 114/115):
Und auch das Finanzamt München erkannte das Ziel des Vereins, »die Unterstützung bedürftiger Angehöriger der deutschen Volksgruppe in Südtirol«, als unterstützungswürdig und damit steuerbegünstigt an. Es befreite den Verein von der Körperschaft-, der Gewerbe- und Vermögensteuer (siehe Seite 113).

**Finanzamt** München für Körperschaften

PLZ, Ort, Datum
München 2

Straße, Hausnummer
Meiserstraße 4

Fernsprecher 5170-2525
Zimmer-Nr. 248

Steuer-nummer: 144/55000

Stille Hilfe für Südtirol eV
z.Hd. d. Vorstands
Sonnentau str. 24

8000 München 50

Zutreffendes ist [X] angekreuzt oder ausgefüllt

# Bescheid

## über die Befreiung von der Körperschaft-, Gewerbe- und Vermögensteuer wegen Förderung steuerbegünstigter Zwecke

Die Prüfung der vorgelegten Unterlagen für die Jahre 19 83, 19 84 und 19 85 hat ergeben, daß

[X] die oben bezeichnete Körperschaft – [ ] der / die ______ (ggf. Name und Anschrift)

ausschließlich und unmittelbar steuerbegünstigte [ ] gemeinnützige – [X] mildtätige – [ ] kirchliche – Zwecke i. S. der §§ 51 ff. der Abgabenordnung durch ~~Förderung des/der~~ Unterstützung bedürftiger Angehöriger der deutschen Volksgruppe in Südtirol verfolgt.

[ ] Er – [X] Sie – wird von der Körperschaftsteuer (§ 5 Abs. 1 Nr. 9 Körperschaftsteuergesetz), Gewerbesteuer (§ 3 Nr. 6 Gewerbesteuergesetz) und Vermögensteuer (§ 3 Abs. 1 Nr. 12 Vermögensteuergesetz) für die Jahre 19 83, 19 84 und 19 85 befreit.

Die Steuerbefreiung gilt nicht für den wirtschaftlichen Geschäftsbetrieb Beteiligung an der Senioren Heim Ausplung - Haunstetten GmbH + Co KG

Insoweit besteht Steuerpflicht. Da die Besteuerungsgrundlagen die gesetzlichen Freigrenzen/Freibeträge nicht übersteigen, wird/werden

[X] die Körperschaftsteuer für [ ] den Veranlagungszeitraum 19 ___ –
[X] die Veranlagungszeiträume 19 83, 19 84 und 19 85 –

[ ] der einheitliche Gewerbesteuermeßbetrag für den Erhebungszeitraum 19 ___ –
[X] die einheitlichen Gewerbesteuermeßbeträge für die Erhebungszeiträume 19 83, 19 84 und 19 85 –
[X] die Vermögensteuer 19 83, 19 84 und 19 85 –

jeweils auf 0 DM festgesetzt. Wegen der übrigen Festsetzungen wird auf die gesondert ergehenden Bescheide verwiesen.

Erfolgsbilanz für die Zeit vom 15. März bis 31.12. 1963

| Aufwendungen | | Beiträge | | |
|---|---|---|---|---|
| Zuwendungen f. satzungsgem. Zwecke | | 4oo,-- | Mitgliedsbeiträge | 6.373,3o |
| Raumkosten | | -.---,-- | zweckbestimmte Spenden (Kindergarten St. Felix) | 95.916.29 |
| Personalkosten | | -.---,-- | | |
| Büromaterial, Druckkosten | | 444,2o | | |
| Gebühren | | 153,35 | | |
| sonst. Geschäftskosten | | 2o,4o | | |
| Post- Telefonkosten | | 377,45 | | |
| Kosten der Sammlung.: | | | | |
| Porto | 2.626,55 | | | |
| Druckkosten | 1.o89,25 | | | |
| Büromaterial, Papier | 658,-- | | | |
| sonst. Kosten | 23,8o | 4.397,6o | | |
| Vermögensvortrag 1964 | | 96.496.59 | | |
| | | DM 1o2.289,59 | | DM 1o2.289,59 |

München, 7. Januar 1964

## Zuwendungen für Südtirol im Jahr 1986

| | | |
|---|---|---|
| **Kindergärten** | | |
| - Eggen | 60.164,80 | |
| - Niederndorf | 80.741,73 | |
| - Uttenheim | 99.720,47 | |
| - Kindergartenkinder-fahrtkostenzuschüsse | 10.264,40 | **250.891,40** |
| **Stipendien** | | |
| - Bildungshilfe | 271.971,57 | |
| - Schülerheimkosten für La Pli de Fodom Buchenstein | 9.296,99 | **281.268,56** |
| **Kulturelle Einrichtungen** | | |
| - Bergbauernpreis | 26.586,13 | |
| - Musikkapellen | | |
| Chöre | 44.301,87 | |
| Büchereien | 7.525,31 | |
| - versch.kulturelle Einrichtungen | 27.768,75 | **106.182,06** |
| **Übertrag** | | 638.342,02 |
| | | ========== |

| | | |
|---|---|---|
| **Übertrag** | | 638.342,02 |
| **Soziale Aufgaben** | | |
| - Kinderdorf Brixen | 877,10 | |
| - Kinder-Frauen-Mütter Erholung | 103.731,45 | |
| - Montessorikurse | 24.364,10 | |
| - verschiedene Einrichtungen | 8.705,67 | |
| **Soforthilfen für:** | | |
| - Bergbauern | 508.733,78 | |
| - Rexroth Fond Vinschgau | 45.072,-- | |
| - Notfälle | 229.544,91 | |
| - Deutsche Sprachinseln | 7.865,86 | |
| - Altenbetreuung und Altenzentrum Leifers | 56.541,57 | |
| | | **985.436,44** |

**Im Jahr 1986 nach Südtirol überwiesen**

**DM 1.623.778,46**

==============

**Aus Liebe zu Südtirol, dank der fortwährenden Opfer von 29.882 Mitgliedern und Förderern (31.12.1986)**

# SATZUNG

des im Vereinsregister beim Amtsgericht München eingetragenen Verein **„Stille Hilfe für Südtirol e.V."**

---

## § 1 – Name, Sitz und Geschäftsjahr

1. Der Verein führt den Namen „Stille Hilfe für Südtirol". Er ist in das Vereinsregister beim Amtsgericht München eingetragen.
2. Sitz des Vereins ist München.
3. Das Geschäftsjahr ist das Kalenderjahr.

## § 2 – Zweck des Vereins

1. Der Verein hat, der Erhaltung des Volks- und Brauchtums in Südtirol dienend, zur ausschließlichen Zielsetzung, im Rahmen seiner Leistungsfähigkeit allen in Not geratenen Angehörigen der deutschen Volksgruppe in Südtirol unmittelbar in ideeller, sozialer und materialler Hinsicht beizustehen. In Verfolgung dieser Zielsetzung sollen unter anderem insbesondere bedürftige Bergbauernfamilien und -dörfer unterstützt werden. Der Verein verfolgt nur gemeinnützige und mildtätige Zwecke. Jede politisch geartete Tätigkeit des Vereins wird ausgeschlossen.
2. Die zur Verwirklichung der vorgenannten Vereinszwecke notwendigen finanziellen Mittel werden ausschließlich und unmittelbar aus den von den Mitgliedern des Vereins zu entrichtenden Mitgliedsbeiträgen und aus freiwilligen Spenden von Mitgliedern und Freunden des Vereins aufgebracht. Eine Gewinnerzielung durch den Verein wird nicht angestrebt. Trotzdem anfallende Gewinne dürfen nur für die in Absatz 1 genannten gemeinnützigen und mildtätigen Zwecke verwendet werden.
3. Die Vereinsmitglieder haben keinen Anspruch auf Gewinnanteile oder sonstige Zuwendungen aus Mitteln des Vereins. Keine Person darf durch Ausgaben, die dem gemeinnützigen und mildtätigen Zweck des Vereins fremd sind oder durch unverhältnismäßig hohe Vergütungen begünstigt werden.
4. Bei Auflösung des Vereins ist das nach Abgeltung bestehender Verbindlichkeiten verbleibende Vereinsvermögen in seinem vollen Umfang der Caritas bzw. der Inneren Mission zuzuwenden.

## § 3 – Organe des Vereins

Organe des Vereins sind die Mitgliederversammlungen und der Vorstand.

## § 4 – Mitgliederversammlung

1. Die Mitgliederversammlung tritt grundsätzlich einmal im Jahr zusammen. Der Zeitpunkt des Zusammentritts ist in die drei ersten Kalendermonate des laufenden Geschäftsjahres zu legen. Sie ist

außerdem zu berufen, wenn der zwanzigste Teil der Mitglieder die Berufung vom Vorstand schriftlich unter Angabe der Zwecke und Gründe verlangt oder das Interesse des Vereins es erfordert.

2. In der ordentlichen Sitzung der Mitgliederversammlung ist vom Vorstand die Rechnung für das abgelaufene Geschäftsjahr vorzulegen. Mit ihrer Prüfung kann die Mitgliederversammlung aus ihrer Mitte bis zu drei Mitglieder betrauen.

3. Im übrigen hat die Mitgliederversammlung insbesondere folgende Aufgaben:
   a) Entgegennahme des Geschäftsberichts des mit der Geschäftsführung betrauten ersten Vorsitzenden des Vorstandes;
   b) Genehmigung der vom Vorstand vorgelegten Rechnung für das abgelaufene Geschäftsjahr;
   c) Genehmigung des vom Vorstand vorzulegenden Haushaltvoranschlages für das laufende Geschäftsjahr;
   d) Entlastung des Vorstandes;
   e) Wahl eines neuen Vorstandes;
   f) Festsetzung der Höhe des Mitgliedbeitrages;
   g) Entscheidung über die Auflösung des Vereins.

4. Die Mitgliederversammlung gilt als ordnungsgemäß berufen, wenn alle Mitglieder des Vereins unter Wahrung einer Ladungsfrist von drei Wochen durch den 1.Vorsitzenden des Vorstandes schriftlich geladen sind, Unbeschadet der zwingenden Vorschrift des § 34 BGB sind in der Mitgliederversammlung nur diejenigen Mitglieder stimmberechtigt, die zum Zeitpunkt des Zusammentritts der Mitgliederversammlung ihren Mitgliedsbeitrag für das abgelaufene Geschäftsjahr entrichtet haben.

5. Die Beschlüsse der Mitgliederversammlung sind mit Ausnahme der eine Satzungsänderung beinhaltenden Beschlüsse, die mit einer Zweidrittelmehrheit gefaßt werden müssen, mit einfacher Stimmenmehrheit zu fassen.

6. Über den Verlauf der Sitzung einer jeden Mitgliederversammlung ist durch ein aus dem Vorstand von der Mitgliederversammlung zu bestimmendes Mitglied eine Sitzungsniederschrift zu führen. Sie hat vor allem die gefaßten Beschlüsse in ihrem Wortlaut wiederzugeben.

## § 5 – Vorstand

1. Der Vorstand des Vereins wird jeweils für die Dauer von zwei Geschäftsjahren gewählt, er amtiert bis zur Neuwahl des Vorstandes, längstens jedoch drei Monate der neuen Wahlperiode. Der Vorstand besteht aus dem 1. Vorsitzenden, seinem Stellvertreter und drei weiteren Mitgliedern.

2. Der Verein wird gerichtlich und außergerichtlich vom 1.Vorsitzenden des Vorstands, im Falle seiner Verhinderung von seinem Stellvertreter vertreten. Der 1. Vorsitzende des Vorstandes führt zugleich die Geschäfte des Vereins. Für den Fall seiner Verhinderung gilt die in Satz 1 geregelte Stellvertretung entsprechend.

3. Der Vorstand tritt regelmäßig alle vier Monate zusammen. Darüber hinaus hat er zusammenzutreten, wenn mindestens vier seiner Mitglieder oder der 1. Vorsitzende dies schriftlich unter Angabe der Zwecke und Gründe verlangen. Er ist beschlußfähig, wenn vier seiner Mitglieder anwesend und stimmberechtigt sind. Einsichtlich des Stimmrechts gilt § 4 Absatz 4 Satz 2 der Satzung entsprechend.

4. Der Vorstand hat insbesondere folgende Aufgaben:
   a) Entscheidung über die Verwendung der Vereinsmittel im Sinne des Vereinszweckes;
   b) Vorbereitung der Mitgliederversammlung;
   c) Aufstellung der Rechnung für das abgelaufene Geschäftsjahr;
   d) Aufstellung des Haushaltvoranschlages für das laufende Geschäftsjahr;
   c) Entscheidung über gestellte Aufnahmeanträge.

5. Beschlüsse des Vorstandes werden mit einfacher Stimmenmehrheit gefaßt. Über die Sitzung des Vorstandes sind von einem aus seiner Mitte zu bestellenden Mitglied Niederschriften zu führen. Sie haben insbesondere den Wortlaut der gefaßten Beschlüsse wiederzugeben.

6. Die Tätigkeit der Vorstandsmitglieder ist ehrenamtlich. Eine Entschädigung für Fahrten und Aufenthalte von Vorstandsmitgliedern in Südtirol wird nicht gewährt. Über eine dem geschäftsführenden Vorsitzenden des Vereins zu gewährende Aufwandsentschädigung entscheidet die Mitgliederversammlung unter Beachtung der Vorschrift des § 2 Abs. 3 der Satzung.

## § 6 – Mitgliedschaft

1. Mitglied des Vereins kann jede unbescholtene und volljährige natürliche Person sowie jede juristische Person des privaten und öffentlichen Rechts werden. Eine Mitgliedschaft bei anderen, eine ähnliche Zielsetzung verfolgende Organisation und Vereinen ist zulässig.

2. Die Aufnahme in den Verein setzt ein an den Vorstand zu richtendes schriftliches Aufnahmegesuch voraus. Über die Aufnahme entscheidet der Vorstand. Eine Begründungspflicht für die Ablehnung eines Aufnahmeantrages besteht, wenn dies ausdrücklich gewünscht wird.

## § 7 – Mitgliedsbeitrag

1. Jedes Mitglied ist verpflichtet, den Mitgliedsbeitrag rechtzeitig und ohne gesonderte Aufforderung zu entrichten.

2. Ein während des laufenden Geschäftsjahres neu eintretendes Mitglied hat den Mitgliedsbeitrag für das volle Geschäftsjahr zu entrichten.

## § 8 – Austritt aus dem Verein

Jedes Mitglied ist berechtigt, aus dem Verein auszutreten. Der Austritt ist nur zum Schluß des Geschäftsjahres unter Einhaltung einer Erklärungsfrist von drei Monaten zulässig. Der Austritt ist dem Vorstand mittels eingeschriebenen Brief mitzuteilen.

**§ 9 – Ausschluß aus dem Verein**

1. Ein Mitglied, das die ihm obliegenden Verpflichtungen grob verletzt, kann durch Beschluß des Vorstandes aus dem Verein ausgeschlossen werden. Der Ausschluß kann einem Mitglied insbesondere durch den Vorstand erklärt werden, wenn er seiner Verpflichtung, den Mitgliedsbeitrag rechtzeitig zu entrichten, für die Dauer von zwei Geschäftsjahren schuldhaft nicht nachgekommen ist.

2. Gegen den Ausschluß aus dem Verein aussprechenden Beschluß des Vorstandes kann das ausgeschlossene Mitglied die ordentliche Mitgliederversammlung anrufen. Zu diesem Zweck ist schriftlicher Antrag auf Aufhebung des Beschlusses des Vorstandes mindestens vier Wochen vor der ordentlichen Sitzung der Mitgliederversammlung dem Vorstand zuzuleiten.

**§ 10 – Auflösung des Vereins**

Hat die Mitgliederversammlung die Auflösung des Vereins beschlossen, oder ist einer der gesetzlichen Auflösungsgründe eingetreten, so hat der 1. Vorsitzende des Vorstandes die Geschäfte des Vereins abzuwickeln. Insbesondere hat er nach Abgeltung bestehender Verbindlichkeiten das verbleibende Vereinsvermögen gemäß § 2 Abs. 4 zu verwenden.

## SATZUNGSÄNDERUNG

beschlossen anläßlich der Jahres-Hauptversammlung am Sonntag, dem 23. April 1978

---

Vorgeschlagene Neufassung von § 2 Absatz 2 Satz 1:

Weiterer Zweck des Vereins ist die Beschaffung von Mitteln; sie werden ausschließlich und unmittelbar aus den von den Mitgliedern des Vereins zu entrichtenden Mitgliedsbeiträgen und aus freiwilligen Spenden von Mitgliedern und Freunden des Vereins aufgebracht.

§ 2 Absatz 4:

Bei Auflösung oder Aufhebung des Vereins oder bei Wegfall seines bisherigen Zweckes fällt das Vermögen des Vereins je zu gleichen Teilen an den Kath. Caritasverband Erzdiözese München-Freising e.V. und den Verein Innere Mission, die es ausschließlich und unmittelbar für gemeinnützige, mildtätige oder kirchliche Zwecke zu verwenden haben, wofür in erster Linie Einrichtungen dieser Art in Südtirol, wie die Caritas der Diözese Bozen–Brixen, die Aktion Lebenshilfe, das Kinderdorf Brixen, in Betracht zu ziehen sind.

§ 5 Absatz 2:

Er ist Vorstand im Sinne von § 26 BGB.
Der 1. Vorsitzende vertritt den Verein gerichtlich und außergerichtlich einzeln; er führt zugleich die Geschäfte des Vereins. Von den übrigen Vorstandsmitgliedern vertreten den Verein jeweils zwei gemeinsam.

Die Idee, der südtiroler Bevölkerung zu helfen, war freilich nicht neu. Schon Anfang der 20er Jahre gab es Vereine, die sich der Probleme dieser Volksgruppe annahmen. Sie wurden bereits Ende 1920 und zu Beginn des Jahres 1921 gegründet. Besonders aktiv waren sie zur Zeit Mussolinis, als die Faschisten das Land besetzten und dann später, auch mit Billigung Hitlers, mit unglaublicher Härte gegen die deutsche Minderheit in Italien vorgingen.

Die Bevölkerung in Südtirol hatte damals schwer unter den Repressalien der Faschisten zu leiden. So durften beispielsweise Kinder in den Schulen nicht mehr in der deutschen Sprache unterrichtet werden. Aber wie in anderen Fällen wußten sich die Südtiroler zu helfen: Sogenannte Katakomben-Lehrer zogen von Hof zu Hof und übernahmen die Aufgabe, die deutsche Sprache zu lehren. Nach dem Ende des Zweiten Weltkrieges allerdings zeigten diese Vereine keine neuen Initiativen mehr.

Ausnahme: das »Kulturwerk für Südtirol«. Aber hierbei gab es politische Differenzen, auch innerhalb der eigenen Reihen, über die rechte Art und Weise, wie man der südtiroler Bevölkerung angemessen helfen könnte.

Während sich ein Teil der Mitglieder des »Kulturwerk für Südtirol« für eine konkrete Hilfe von Bergbauerngebieten aussprach, war die überwiegende Mehrheit der Mitglieder der Auffassung, das Bozener Unterland zu fördern. Und so wurden auch dort die ersten Kindergärten nach dem Krieg mit der Unterstützung durch das »Kulturwerk für Südtirol« errichtet.

Die damaligen Verantwortlichen des Kulturwerks engagierten sich vor allem dort, wo die italienische und deutsche Volksgruppe aufeinandertrafen und größere Probleme miteinander hatten.

Dann nahm 1963 die »Stille Hilfe für Südtirol« ihre Arbeit auf. Ihre Gründung war nicht zuletzt aus einer Protesthaltung gegenüber der Spendenpolitik und der politischen Ausrichtung des Kulturwerkes vorbereitet worden. Die sieben Vorstände der »Stillen Hilfe« waren sich von Anfang an einig, daß die Hilfe unabhängig von jedwelchen tagespolitischen Ereignissen erfolgen und sich ausschließlich auf soziale und kulturelle Inhalte besinnen sollte. Mit dem Vorsatz, mit der Hilfe keine Tagespolitik betreiben zu wollen, konnten dann auch viele der ersten Mitglieder und auch die Unterstützung seitens der bayerischen Behörden gewonnen werden.

Doch bald trübte ein Wermutstropfen die anfängliche Euphorie. Nach kurzer Zeit zeigte sich die Südtiroler Landesregierung verunsichert. Einige Regierungsmitglieder waren der Meinung, es bestehe mit dem »Kulturwerk für Südtirol« bereits ein Verein, und sie verstünden nicht, was da noch ein zweiter solle.

Daß die Südtiroler sensibel auf Aktivitäten ausländischer Vereine in Südtirol reagierten, war mehr als verständlich. Zu oft hatten nationalistisch denkende Fanatiker in Südtirol Unruhe gestiftet. Auch die »Stille Hilfe für Südtirol« wurde anfänglich in den Sog des Parteienstreits gezogen, auch wenn sie sich dagegen verwehrte, und mußte sich über Jahre hinweg damit befassen.

Anfänglich fehlte es an der Unterstützung durch öffentliche Stellen. Vielleicht lag es u. a. daran, daß die Vereinsführung des »Kulturwerk für Südtirol«, das damals vom späteren Bundeslandwirtschaftsminister Josef Ertl geleitet wurde, in der »Stillen Hilfe« eine Konkurrenz sah. Schließlich war diese Neugründung auch mit Dr. Franz Sieber als Vorstand erfolgt, und just dieser war einige Zeit vorher wegen interner Zwistigkeiten aus dem »Kulturwerk für Südtirol« ausgetreten. Und Dr. Sieber war es, der sich zur Winterszeit 1963 in Südtirol mit Dr. Norbert Mumelter traf, dem Vorsitzenden des Südtiroler Heimatpflegeverbandes.

In einem sehr angeregten Gespräch unterhielten sich beide über die manchmal aussichtslose Lage Südtiroler Bergbauern. Damals konnte Dr. Mumelter Dr. Sieber davon überzeugen, daß südtiroler Bergbauern Hilfe durch einen neu zu gründenden Verein gegeben werden sollte.

Ein Projekt lag ihm dabei besonders am Herzen: der schon mehrfach erwähnte Kindergarten in St. Felix am Nonsberg. Eine Unterstützung durch die Südtiroler Landesregierung hätte damals wegen fehlender Finanzmittel des italienischen Staates noch Jahre gedauert! Hinzu kam die politische Brisanz der Errichtung

An Kindergärten fehlt es südlich und nördlich des Brenner

# Die »Stille Hilfe« wird lauter

## Politisch verbrämte Vereine – Beitrittserklärungen in den Gasthöfen

Vor acht Jahren ist in der Bundesrepublik die »Stille Hilfe für Südtirol« gegründet worden. Kulturelle und soziale Aufgaben vor allem in den Bergbauerndörfern zu fördern, bezeichnete sie damals als ihre Hauptaufgabe und in Bayern, wo sie ebenso wie das »Kulturwerk Südtirol« ihren Schwerpunkt hat, wurde sie als Konkurrenzunternehmen zur älteren Schwester verstanden. Beim »Kulturwerk« ist seit Jahren der FDP-Politiker Josef Ertl tonangebend, der den Vorsitz auch dann nicht niederlegte, als er Bundeslandwirtschaftsminister wurde. Der »Stillen Hilfe« gehören Bayerns Ministerpräsident Alfons Goppel und andere prominente Mitglieder der bayerischen Union an.

»Kulturwerk« und »Stille Hilfe« betonen gleichermaßen, daß sie politisch strenge Enthaltsamkeit üben. In Bayern weiß jedoch jedermann, daß hier die CSU und dort die FDP die Fäden spinnt, und in Südtirol sollte man das ebenfalls längst gemerkt haben, denn wo ist es üblich, daß unpolitische Vereinigungen von exponierten Politikern angeführt werden? Ohne die politische Rükkenstärkung durch die in Bayern regierende CSU hätte auch die »Stille Hilfe« nicht die finanziellen Leistungen aufbringen können, die einem halben Dutzend Kindergärten zum Leben verhalfen und außerdem das Weiße Kreuz, zwei Altenheime und einen Kinderspielplatz unterstützt haben.

Aber nicht nur in Tschengls, Sand in Taufers, Feldthurns, St. Martin-Passeier, Laatsch, St. Martin-Gsies, Penon-Graun und Prettau gibt es Kindergärten und Altenheime, die auf Hilfe angewiesen sind. Daher hat sich die »Stille Hilfe« entschlossen, künftig nicht mehr ganz so still zu wirken. Ohne die Reklametrommel zu rühren, lassen sich weder die Spenden in der bisherigen Höhe aufrechterhalten, noch werden zusätzliche Mittel fließen. Daher ist daran gedacht, in Gasthöfen, Pensionen und Privatquartieren Beitrittserklärungen aufzulegen, und damit die

Urlauber auch wissen, wofür sie von ihrem Feriengroschen etwas abzweigen sollen, wird ein Tätigkeitsbericht des Hilfswerks beigelegt.

Ob diese Aktion ihren Zweck erreicht, bleibt abzuwarten. Der Feriengast aus Bayern oder anderen westdeutschen Landen weiß immerhin, daß daheim ebenfalls ein großer Mangel an Kindergärten herrscht, und so liegt die Frage nahe, wo Hilfe wohl am vordringlichsten wäre. Jedenfalls vergeht kein Tag, an dem die Presse nicht über die Not der Schlüsselkinder berichtet und das Versagen der Behörden beklagt, die zulassen, daß Kinder im dichten Verkehrsgewühl der Städte spielen. Ohne Zweifel sind die Kinder in den Städten am meisten gefährdet, und es gibt kaum ein Land der Erde, das sich mit der Bundesrepublik in der Anzahl der jährlich getöteten Kinder im Straßenverkehr messen könnte. Wie gesagt, diese traurige Bilanz kennt der deutsche Urlauber zumindest aus Presseberichten, und die Südtiroler Dorfjugend, die sich wegen Mangels an Kindergärten oder Spielplätzen auf Wiesen oder auf dem Dorfplatz tummelt, kann sich demgegenüber auch ohne Aufsicht wohlbehütet fühlen.

Der Feriengast, der dann trotzdem in den Geldbeutel greift, um die keineswegs »stille Hilfe« nicht zu enttäuschen, weiß freilich nicht, daß diese Organisation in Südtirol selbst nur knapp 200 Mitglieder zählt, obschon die Zahl derer, die helfen könnten, in die Zehntausende geht. Es würde in der Tat nicht wenige erstaunen, die meinen, daß Südtirol hilfsbedürftig ist, wenn sie erfahren könnten, daß vergleichbare Unternehmen wie zum Beispiel das Kanonikus-Gamper-Werk kläglich gescheitert sind, als sie an die Opferfreudigkeit der Südtiroler appellierten, um Schülerheime bauen zu können. Wenn die Heime dennoch gebaut wurden, so mit Geldern der öffentlichen Hand und des Auslandes. Landesassessor Dr. Zelger hat diese betrübliche Tatsache vor den Südtiroler Mitgliedern der »Stillen Hilfe« bekanntgegeben, weil er offenbar die Hoffnung noch nicht begraben hat, daß das Beispiel des Auslandes auch die Südtiroler zu guten Taten anspornt.

Schließlich sollten ja nicht nur die Mütter entlastet werden. Man will auch den Bauernkindern in entlegenen Bergdörfern eine vorschulische Ausbildung zukommen lassen. Zumindest in dieser Hinsicht ist es ja im Heimatland der »Stillen Hilfe« bestens bestellt. Oder vielleicht doch nicht? Im bayerischen Landtag hat die SPD dieser Tage ein »Hearing« verlangt, in dem die Versäumnisse der CSU-Regierung auf diesem Gebiet zur Sprache kommen sollen. Nach Ansicht der Sozialdemokraten ist die Zeit nämlich längst reif für den Abschied vom »Ringelreihen-Kindergarten«, der sich auf die Verwahrung der Kinder beschränkt. Offenbar ist es also nicht nur südlich, sondern auch nördlich des Brenners noch nicht soweit, daß die vorschulische Erziehung als Entwicklungs- und Starthilfe für die Kleinkinder als allgemein notwendig anerkannt wird.

*Ludwig Steinkohl*
*Alto Adige, 28. März 1971*

*Die Kinder von St. Felix*

eines ›deutschsprachigen‹ Kindergartens auf italienischem Boden.

St. Felix war ein sehr armes Dorf. Dr. Mumelter war mit der mißlichen Lage, in der sich der Ort, wie viele andere südtiroler Bergbauerndörfer, befand, aufs beste vertraut. Aber die Gründung eines Kindergartens in St. Felix lag ihm besonders am Herzen.

Nach kurzer Bedenkzeit sagte Dr. Sieber zu, sich dafür einzusetzen. Mit einigen Freunden wollte er versuchen, die nötigen Finanzmittel in der Bundesrepublik aufzutreiben. Gleich nachdem er nach München zurückgekehrt war, suchte er sechs Gleichgesinnte zu finden, deren Vorstellungen und Prinzipien mit den seinen übereinstimmten. Nur wenige Wochen nach dem Gespräch in Südtirol trafen sich schließlich die sieben Gründungsmitglieder des Vereins in München.

Nichts kann die Freude über den Kindergarten besser ausdrükken als der Brief von Kindern aus St. Felix an Gerhard Bletschacher:

Sehr geehrter Herr Bletschacher!

Zum Weihnachtsfest möchten auch wir Schüler der V Klasse in St. Felix Ihnen ein Brieflein schreiben. Wir haben ja in dem durch Ihre großherzigen Spenden erbauten Kinderheim für heuer einen Klassenraum bekommen und können dort die Schule besuchen. Wie fein und gemütlich ist es hier im Vergleich zu unserem alten Schulhaus, das Sie ja auch kennen. Der Klassenraum ist auch so warm geheizt, daß wir uns täglich freuen ihn zu betreten. Wir wollen auch alles schonen und sauber halten und keinen Schaden machen.

Wir wünschen Ihnen zum hohen Weihnachtsfest rechts viel Glück und Freude im Kreise Ihrer Lieben

und grüßen Sie herzlichst

die Schüler der V. Kl. Volksschule St. Felix

mit der Lehrerin Geiser Rosa gb. Weiß

*Kindergarten St. Felix am Nonsberg*

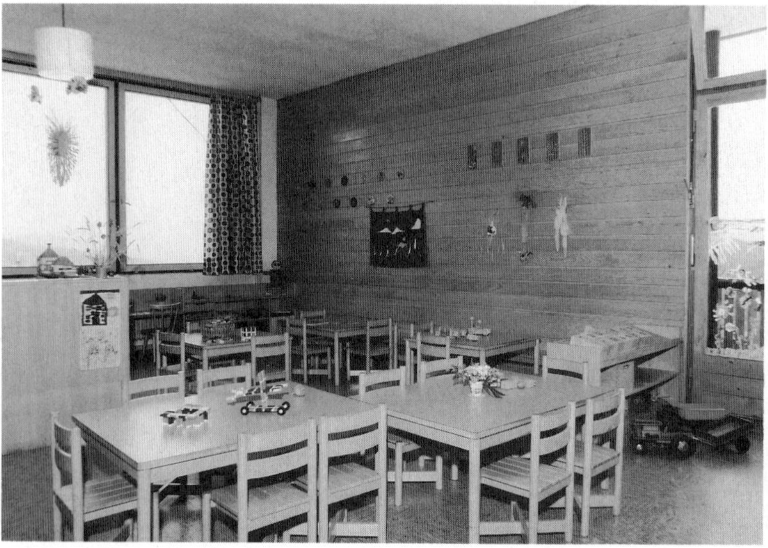

Nachdem das Projekt abgeschlossen war, ließ auch die Unterstützung offizieller Stellen nicht mehr lange auf sich warten. Wenn auch die Behörden und die Landesregierung noch vorsichtig waren, was Aufrufe, Publikationen und propagandistische Unterstützung betraf: das Mißtrauen war weitgehend abgebaut.

EMPFEHLUNG

Der unterfertigte Dr. Anton Zelger, Kulturreferent in der Südtiroler Landesregierung und Obmann des Landesvereines "Kindergärten für Südtirol", begrüßt den Bau eines Kindergartens in St. Felix am Nonsberg außerordentlich und empfhielt das Vorhaben aufs wärmste zur Förderung und Unterstützung im Rahmen gezielter persönlicher Vorsprachen.

Es wird ausdrücklich vermerkt, daß diese Empfehlung nicht als Vorlage zu Aufrufen, Publikationen oder sonstigen propagandistischen Zwecken Verwendung finden darf.

DER KULTURREFERENT
in der Südtiroler Landesregierung und
OBMANN
des Vereines "Kindergärten für Südtirol":

( Dr. Anton Zelger )

Bozen, am 19. 6. 1963

Dem ersten Kindergarten-Projekt folgten viele weitere. Der jüngste Kindergarten, der mit Hilfe des Vereins errichtet werden konnte, wurde erst am 25.10.1987 in San Martin de Tor

(St. Martin in Thurn), dem Zentrum der ladinischen Volksgruppe im Gadertal, eingeweiht.

Nachfolgend eine Aufstellung sämtlicher Kindergärten (mit Einweihungsdatum), die mit der finanziellen Unterstützung der »Stillen Hilfe« gebaut werden konnten:

| | | |
|---|---|---|
| 1. | St. Felix | 24.10.1965 |
| 2. | Moos | 02.10.1966 |
| 3. | Matsch | 30.10.1966 |
| 4. | Eyrs | 19.11.1967 |
| 5. | St. Wallburg | 26.05.1968 |
| 6. | Schleis | 06.10.1968 |
| 7. | Olang | 25.06.1969 |
| 8. | Mölten | 12.10.1969 |
| 9. | Sand in Taufers | 14.12.1969 |
| 10. | Pfunders | 03.05.1970 |
| 11. | Tschengs | 08.11.1970 |
| 12. | St. Martin | 19.09.1971 |
| 13. | Lajen | 1971 |
| 14. | Feldthurns | 31.10.1971 |
| 15. | Mareit | 21.05.1972 |
| 16. | Tschötsch | 1972 |
| 17. | Teis | 1972 |
| 18. | Villanders | 1972 |
| 19. | St. Valentin | 22.10.1972 |
| 20. | Stegen | 29.10.1972 |
| 21. | Steinegg | 20.05.1973 |
| 22. | Prettau | 02.09.1973 |
| 23. | Terenten | 1973 |
| 24. | Ehrenburg | 1973 |
| 25. | Penon | 04.11.1973 |
| 26. | Ridnaun | 1974 |
| 27. | Lüsen | 21.04.1974 |
| 28. | Martell | 28.04.1974 |
| 29. | Teisten | 1974 |
| 30. | Bozen Maria Heim | 1974 |
| 31. | Karthaus | 1974 |
| 32. | St. Andrä | 06.11.1974 |
| 33. | St. Magdalena | 1974 |
| 34. | Vilpian | 01.12.1974 |
| 35. | St. Nikolaus/Ulten | 11.05.1975 |
| 36. | Lengstein | 28.05.1975 |
| 37. | Deutschnofen | 01.06.1975 |
| 38. | Vintl | 02.11.1975 |
| 39. | Reischach | 1975 |
| 40. | Tils | 10.04.1976 |
| 41. | Pfalzen | 19.04.1976 |
| 42. | Prad | 16.05.1976 |
| 43. | Rein | 27.05.1976 |
| 44. | Wiesen | 30.05.1976 |
| 45. | St. Magdalena/Villnöß | 17.10.1976 |
| 46. | Natz | 1976 |
| 47. | Lajen | 17.04.1977 |
| 48. | Vahren | 1977 |
| 49. | Ahornach | 16.10.1977 |
| 50. | Leifers | 30.10.1977 |
| 51. | Sureghes Überwasser | 11.06.1978 |
| 52. | Gargazon | 17.09.1978 |
| 53. | Tiers | 01.10.1978 |
| 54. | Martell | 29.10.1978 |
| 55. | St. Valentin | 05.11.1978 |
| 56. | Gais | 01.06.1980 |
| 57. | Teis | 19.10.1980 |
| 58. | Pichl | 1980 |
| 59. | Rodeneck | 24.05.1981 |
| 60. | Terenten | 30.05.1981 |
| 61. | Steinhaus | 31.05.1981 |
| 62. | Klausen | 03.10.1981 |
| 63. | Kollmann | 31.10.1981 |
| 64. | Villanders | 15.11.1981 |

| | | | | | |
|---|---|---|---|---|---|
| 65. | Neustift | 03.04.1982 | 72. | Taisten | 27.05.1984 |
| 66. | Welschnofen | 26.09.1982 | 73. | Percha | 21.10.1984 |
| 67. | Aldein | 17.10.1982 | 74. | Niederdorf | 20.04.1986 |
| 68. | Brixen (für Behinderte) | 07.05.1983 | 75. | Uttenheim | 25.05.1986 |
| 69. | Völs | 11.06.1983 | 76. | Eggen | 28.09.1986 |
| 70. | Petersberg | 12.06.1983 | 77. | Telfes | 18.10.1987 |
| 71. | Kurtatsch | 06.11.1983 | 78. | San Martin de Tor | 25.10.1987 |

Seit Beginn der 80er Jahre steht die Errichtung von Kindergärten nicht mehr im Mittelpunkt der Vereinsarbeit. Andere soziale und kulturelle Hilfsaktionen nahmen die Mitarbeiter der »Stillen Hilfe« voll in Anspruch. Zum Schwerpunkt der Aktivitäten entwickelte sich die Einzelhilfe für in Not geratene Bergbauern. Außerdem wurde das Wirken der »Stillen Hilfe« auch in Südtirol selbst immer bekannter, was die Zahl der Gesuche um Unterstützung in die Höhe schnellen ließ.

In Zusammenarbeit mit der Südtiroler Landesregierung, die anfängliche Vorbehalte längst abgelegt hatte, konnten so zahlreiche soziale Aktionen in Südtirol in Angriff genommen werden. Es begann mit der Unterstützung der Südtiroler »Lebenshilfe« zur Betreuung Behinderter. 1968 stellte die »Stille Hilfe« einen Teil des notwendigen Grundkapitals diesem Verein zur Verfügung. Ein weiterer ›Meilenstein‹ in der Arbeit war die Initiative der »Stillen Hilfe« gemeinsam mit dem Bayerischen Roten Kreuz, einigen Südtiroler Bergbäuerinnen eine erste ›Müttererholung‹ zu ermöglichen.

Seit 1974 können sich Südtirolerinnen im Müttergenesungsheim Ettal, das vom Bayerischen Roten Kreuz geführt wird und gleich neben dem weltberühmten Benediktinerkloster liegt, von den Strapazen ihrer Arbeit erholen. Für viele von ihnen, die oft auch schon älter sind, ist es die erste Erholungsreise ihres Lebens!

So empfand es Maria Oberkofler aus dem Arntal, die im Jahre 1978 bei den ersten Müttern dabei war:

Pfunders 3.5.1970

Das neue schöne Haus
hat Fenster groß und rein,
die Kinder schaun hinaus,
die Sonne scheint herein.

Das schöne, neue Haus
gehört uns ganz allein;
den ganzen langen Tag
will's unser Spielplatz sein.

Und in dem neuen Haus
gefällt's uns Kindern sehr!
Wir singen jeden Tag,
als ob es Sonntag wär.

*Kindergarten Karthaus*

Schon die Umstellung vom harten, entbehrungsreichen Leben auf dem Berghof zum erholsamen Nichtstun fällt ihr nicht leicht. In den ersten Tagen schreckt sie jeden Morgen dreißig Minuten nach fünf aus dem Tiefschlaf hoch.

»Verschlafen!«, das ist ihr erster Gedanke. Die Arbeiten auf dem Hof dulden keinen Aufschub! Doch bevor sich das schlechte Gewissen in ihr verbreitet, beginnt sie sich schlaftrunken zu besinnen:

»Ich bin ja gar nicht daheim, ich bin im Urlaub.«

Beruhigt kann sie wieder in das noch warme Bett kriechen, sich zur Seite drehen und weiterschlafen. Daheim im Arntal wäre es schlimmer gewesen, wenn sie verschlafen hätte, denn dort beginnt der Arbeitstag für die 37jährige Mutter von acht Kindern bereits spätestens um fünf Uhr früh.

Die Tagesarbeit »isch lei gnua für vierzehn Stund!« sagt sie.

Die Oberkoflerin ist aber nur ›ein Fall‹ von vielen. Gerhard Bletschacher schätzt, daß bis heute schon zweitausend Südtiroler Mütter vom Angebot des BRK und der »Stillen Hilfe« Gebrauch machen konnten. Nach anfänglichen Schwierigkeiten, sich an die ungewohnt lange Nachtruhe zu gewöhnen, finden sich die Südtiroler Mütter in Ettal schnell zurecht. Und auch die Hürden des Dialektes und die Tatsache, daß sie ihre Familie vier Wochen lang nicht zu Gesicht bekommen, spielen nach kurzer Zeit keine Rolle mehr. Mit allerlei Programmen und unterhaltsamen Einlagen wird die Eingewöhnungszeit rapide verkürzt. An aktiven Erholungsmöglichkeiten besteht in Ettal auch kein Mangel: tägliches Schwimmen im Oberammergauer Hallenschwimmbad »Wellenberg«, Gymnastik, uneingeschränkte Wandermöglichkeiten und jeden Tag Lockerungsübungen mit Musik. Das umfassende Angebot wird gerne angenommen. Daneben bleibt viel Zeit zur Muße und Entspannung. Von Januar bis März, wenn man den Hof allein lassen kann, ist so ein kleiner Urlaub von der Familie möglich.

Eine Psychologin, die auch in Erziehungsfragen hilfreich zur Seite steht, begegnet Ängsten und psychologischen Problemen, die durchaus während dieses meist vierwöchigen Urlaubs auftauchen können, mit Rat und Tat.

Für die meisten vergeht diese Zeit wie im Flug, und es fällt vielen südtiroler Müttern oft schwer, Ettal den Rücken zu kehren. Aber zu Hause warten schon wieder die Kinder, die Familie und das Dorf. Dort gehören sie hin, und dorthin wollen sie wieder zurück. Während der Abwesenheit der Mütter sind ihre Angehörigen aber trotzdem in guten Händen. Familienhelferinnen sorgen dafür, daß das Leben auch ohne die Mutter in seinen geregelten und gewohnten Bahnen bleibt. Auch in anderen Notfällen überbrücken Familienhelferinnen die erste, harte Zeit.

Als die Caritas zu Beginn der 70er Jahre die Einrichtung der Familienhelferin aus der Taufe hob, wurde dieses Vorhaben von der »Stillen Hilfe« ebenfalls finanziell unterstützt. Heute obliegt die Finanzierung der Familienhelferin wieder mehr dem Land. Die Mittel dazu stehen jetzt bereit.

Damit kein falscher Eindruck entsteht: Diese Initiativen wurden nicht allein von der »Stillen Hilfe« getragen, und man konnte sie nicht intensiv fördern. Aber teilweise wurde der Anstoß dazu gegeben, und, so stellt Gerhard Bletschacher heute schmunzelnd fest, »ein bißchen Geburtshilfe seitens der ›Stillen Hilfe‹ hat auch nicht geschadet«.

Eine der wichtigsten Aktionen der »Stillen Hilfe« war die frühzeitige Unterstützung des »Weißen Kreuzes« in Südtirol. Nachdem das nationale Rote Kreuz, auch aufgrund eines sehr begrenzten Etats, nur sehr wenig Initiative zeigen konnte, war der Aufbau eines landumfassenden Rettungsdienstes in Südtirol unumgänglich geworden.

So wurde der Rettungsdienst des Roten Kreuzes in Südtirol nur im bescheidensten Maße, und das auch nur in den Großstädten wie Brixen, Meran und Bozen, unterhalten. Eine ›Rettungsdienstliche Versorgung‹ auf dem Land gab es nicht. Die Einrichtung eines solchen Rettungsdienstes war also ein berechtigtes Anliegen der Südtiroler. Der Anstoß zur Gründung des »Weißen Kreuzes« kam von dem Eppaner Arzt Dr. Hans Nicolussi-Leck, der aufmerksam eine kurz zuvor gestartete Aktion der »Stillen Hilfe‹ bei deutschen Zahnärzten verfolgt hatte. Mit diesen Spenden sollte eine ›Zahnklinik auf Rädern‹ ausgerüstet werden, die in den entlegenen Gebieten Südtirols wenigstens die

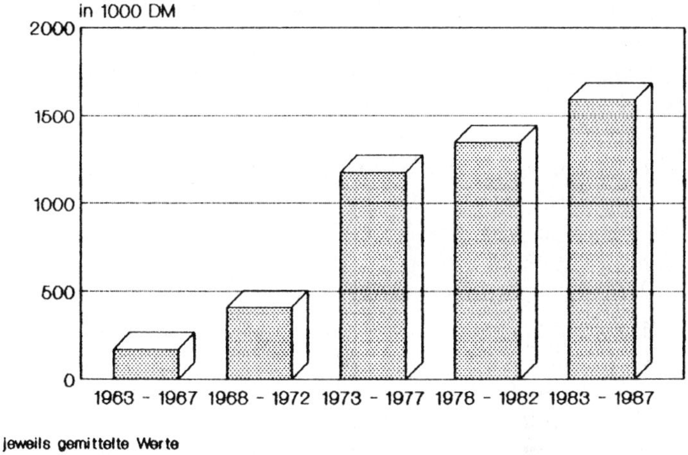


*Spendenaufkommen »Stille Hilfe« von 1963 bis 1987*

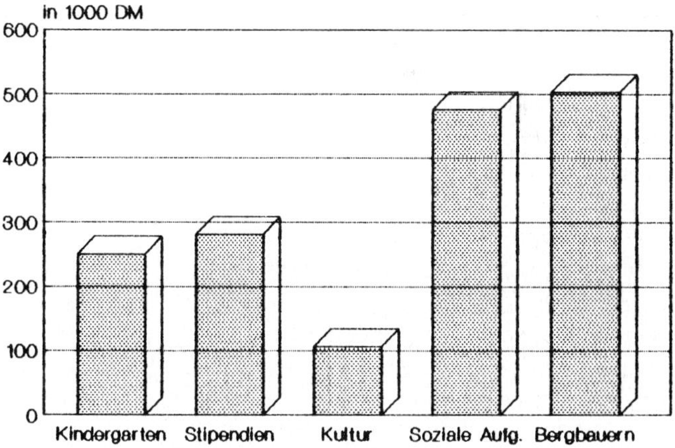


*Zuwendungen der »Stillen Hilfe« im Jahr 1987*

zahnmedizinische Grundversorgung der Bevölkerung sicherstellen konnte. Die Idee, eine fahrende Zahnklinik einzurichten, kam vom Südtiroler Zahnarzt Prof. Dr. Luis Ploner. Durch die Spendenbereitschaft der deutschen Zahnärzte konnten schließlich nahezu 100 000 Mark für die Einrichtung dieser fahrenden Zahnklinik zur Verfügung gestellt werden.

Dieses Unternehmen war dann für Prof. Dr. Karl Pellegrini und Karl Detomaso Anlaß, sich an die »Stille Hilfe« zu wenden mit der Bitte, sich finanziell an der Gründung des »Weißen Kreuzes« zu beteiligen – was dann auch geschah. Aus den einfachen Anfängen Mitte der 60er Jahre ist mittlerweile eine große Rettungsdienst-Organisation geworden.

Die »Stille Hilfe« hat bis heute 19 Krankenwagen mitfinanziert, in Dienst gestellt und an Stützpunkte, die über das ganze Land verteilt sind, abgegeben. Bei der »Stillen Hilfe« wurde mit Aufmerksamkeit und Freude registriert, daß alle Rettungsdienstwagen, deren Anschaffung die Mitglieder ihres Vereins ermöglichten, sichtbar auf der Karosserie und im Funksprechverkehr den Namen ›Bavaria‹ tragen bzw. benutzen.

Das »Weiße Kreuz« ist heute aus der rettungsdienstlichen Versorgung Südtirols nicht mehr wegzudenken. Völlig uneigennützig war diese Hilfe jedoch nicht, denn vom Rettungsdienst profitieren auch die Touristen, auch die aus der Bundesrepublik. 1982 konnten dem »Weißen Kreuz« ein weiterer Rettungsdienstwagen und ein Motorschlitten, die auf der Seiser Alm stationiert sind und die von der »Stillen Hilfe« bezuschußt wurden, übergeben werden. Sie sorgen dafür, daß ein Beinbruch nicht mehr zu einem traumatischen Urlaubserlebnis wird.

Zu Beginn der 70er Jahre waren die Aktiven der »Stillen Hilfe« oft in Südtirol unterwegs. In den gleichen Zeitraum fiel beispielsweise auch die Unterstützung der Katakombenlehrer und -lehrerinnen. Wie schon erwähnt, war zur Zeit des Faschismus in Italien der Unterricht in deutscher Sprache an den Schulen bei Strafandrohung verboten. Heimlich mußten die Lehrer die Südtiroler Kinder in ihrer Muttersprache unterrichten. Sie zogen von Bauernhof zu Bauernhof und leisteten dadurch einen wichtigen Beitrag zur Erhaltung südtiroler Eigenständigkeit.

## Feierliche Übergabe am Grieser Platz

# »Weißes Kreuz« erhielt Notarztwagen

### Kuratorium Rettungsdienst Bayern und die »Stille Hilfe« spendeten über 20 Millionen Lire

Im Rahmen einer Feier vor der Klosterkirche Muri-Gries am Grieser Hauptplatz wurde gestern vormittag dem Rettungsdienst »Weißes Kreuz« ein Notarztwagen übergeben, der mit Spendengeldern des »Kuratorium Rettungsdienst Bayern« und der »Stillen Hilfe für Südtirol« finanziert worden ist. Der neue Rettungswagen, der um über 20 Millionen Lire erstanden worden ist, wird von der Sektion Bozen des Weißen Kreuzes benützt werden. Wie in Ansprachen betont wurde, handelt es sich um den ersten Notarztwagen, der auf italienischen Straßen eingesetzt wird.

An der Feier anläßlich der Übergabe und der Einweihung des Rettungswagens nahmen sowohl Vertreter des Weißen Kreuzes als auch Vertreter des »Kuratorium Rettungsdienst Bayern« sowie der Geschäftsführer der »Stillen Hilfe«, Gerhard Bletschacher, teil. Auch Regierungskommissär de Pretis und die Landesassessorin Gebert-Deeg befanden sich unter den Gästen. Die musikalische Umrahmung der Feier besorgte die Bürgerkapelle Gries.

Der Präsident des »Weißen Kreuzes«, Dr. Karl Pellegrini, dankte in seiner Ansprache den Spendeorganisationen für das kostbare Geschenk, mit dessen Übergabe ein langgehegter Wunsch des Landesrettungsvereins Weißes Kreuz in Erfüllung gegangen sei. Ein Vertreter des »Kuratorium Rettungsdienst Bayern« übermittelte anschließend den Gästen Grüße des Kuratoriumspräsidenten und Präsidenten der bayerischen Staatsregierung, Dr. Goppel, und berichtete kurz über die Spendensammlung, mit der der Ankauf des Notarztwagens ermöglicht worden ist. Gerhard Bletschacher sagte in seiner kurzen Ansprache, daß die »Stille Hilfe« den Notarztwagen mitfinanziert habe, weil er der gesamten Südtiroler Bevölkerung zugute komme. Bekanntlich hat die »Stille Hilfe« bisher ihre Spendentätigkeit vorwiegend auf die Südtiroler Bergbauern konzentriert. Bletschacher nahm die Anwesenheit von Frau Assessor Gebert-Deeg wahr, um sie zu ersuchen, bei der Landesregierung Einfluß zu nehmen, damit diese für die Einsatzfahrten des Notarztwagens einen Arzt einsetze. Wie mitgeteilt wurde, verfügt das »Weiße Kreuz« derzeit über sechs Ärzte, die sich bereit erklärt haben, sich an den Wochenenden (Samstag, Sonntag) für Einsätze des Notarztwagens zur Verfügung zu stellen. Nach der Fahrzeugweihe, die vom Grieser Pfarrer vorgenommen wurde, gab das »Weiße Kreuz« für die Gäste ein Mittagessen.

## Von der Skipiste direkt ins Krankenhaus

### Weißes Kreuz kommt auf Seiser Alm mit Motorschlitten Rettungswagen übergeben

»Prachtvoll wie die Landschaft, die uns umgibt und die im schönsten Sonnenschein erstrahlt, ist das Ereignis, das uns hier zusammengeführt hat.« Mit diesen Worten eröffnete der Präsident des Weißen Kreuzes, Dr. Karl Pellegrini, am Samstagnachmittag auf der Seiser Alm eine Feier, bei der ein Rettungswagen und ein Motorschlitten an die Hilfsorganisation übergeben wurde. Das Weiße Kreuz ist nun als erster Rettungsverband in der Lage, den Transport eines beim Skisport Verletzten von der Piste direkt bis ins Krankenhaus durchführen zu können.

Ein so buntes Bild wie es die Weißkreuzhelfer in ihren orangefarbenen Dienstanzügen, bei ihnen die Fahnenpatin Sabina Thomaseth, die Musikanten und zwei Carabinieri sowie die beiden geschmückten Fahrzeuge an sich schon boten – es erhielt noch das Tüpfelchen aufs »i« durch die große Schar buntgekleideter Winterurlauber und Einheimischer, die sich im Halbrund gegenüber dem Hotel »Plaza« aufgestellt hatten. Sie wurden von der Seiser Böhmischen mit flotten Weisen und vom Sektionsleiter des Weißen Kreuzes von Seis, Konrad Santoni, mit herzlichen Worten willkommen geheißen. Dieser gab seiner Freude über den neuen Rettungswagen, einen Peugeot 504, Ausdruck und bedankte sich bei den Spendern, der bundesdeutschen Vereinigung »Stille Hilfe für Südtirol e. V.« sowie bei allen anderen Stellen, die der Seiser Sektion des Landesrettungsvereins stets Unterstützung angedeihen lassen. Mit dem neu erworbenen Motorschlitten der Firma Leitner aus Sterzing ist es laut Santoni nunmehr möglich, einen Verletzten auf der Piste zu bergen und ihn auf dem Anhänger, einem sogenannten Akja, zu einem Rettungswagen zu bringen und ohne Verzug unmittelbar ins nächste Spital einzuliefern. Anschließend nahm Pfarrer Arthur Werth die Segnung der Fahrzeuge vor.

Präsident Dr. Karl Pellegrini sagte der »Stillen Hilfe«, deren Vorsitzender Gerhard Bletschacher anwesend war, ein aufrichtiges Vergelt's Gott und fuhr dann fort: »Irgend jemand hat einmal den weisen Ausspruch getan: Am Ende bleibt jedem Menschen nur das, was er im Leben verschenkt hat. Wenn dem so ist, so wird unser lieber Freund Bletschacher einmal reich beschenkt werden, denn ich weiß keinen zweiten Mann, der für unser Land so viel getan hat.«

Bezüglich des Motorschlittens, dessen Finanzierung noch Sorge bereitet – er kostet elf Millionen Lire – sprach Pellegrini die Erwartung aus, daß die Hoteliers und Gastwirte dieses Gebietes ihr Scherflein dazu beitragen. Sein besonderer Dank galt den 45 freiwilligen Helfern, die ihre Freizeit für den Nächsten opfern und Tag und Nacht zur Verfügung stehen.

Gerhard Bletschacher, der zuvor noch mit einer Erinnerungsmedaille geehrt worden war, zollte dem Weißen Kreuz Anerkennung für das »beispielhafte Aufbauwerk« in den vergangenen 16 Jahren. Die Dienste der leistungsfähigen Rettungsorganisation kämen nicht nur den Einheimischen, sondern – gerade hier oben – auch den Gästen zugute.

Nachdem der Kastelruther Vizebürgermeister Anton Silbernagl die Hoffnung geäußert hatte, daß der neue Motorschlitten allen Betroffenen rasch Hilfe bringen möge, wurde eine kurze Schauübung abgehalten. Mit sechzig bis siebzig Stundenkilometern und einem weithin hörbaren »Tatütatü« raste der Schlitten hangaufwärts. Mit einem Imbiß endete die Feier.

Doch nach dieser schweren Zeit, in der sie ihren Beruf illegal und unter großen Gefahren ausübten, mußten sie sich, oft schon in einem hohen Alter, ohne jegliche Altersversorgung durchschlagen. Für vier dieser sogenannten ›Altlehrer‹ konnte dann mit der Unterstützung der »Stillen Hilfe« eine Wohnstatt in einem Altersheim ermöglicht werden. Diese Lehrer sind heute hochbetagt, zwischen 80 und 100 Jahre alt, und erzählen noch gerne von der Zeit, als sie hoch über den Tälern heimlich von Hof zu Hof zogen, um zu unterrichten.

Fragt man Gerhard Bletschacher aber nach seiner liebsten Hilfsaktion, dann zögert er nicht:

»Das war die Aktion in Lusern.«

Es war kurz vor Weihnachten 1971. Auf den Straßen lag noch nicht allzuviel Schnee. Durch Zufall fuhr er damals an der Gemeinde Lusern im Trentino vorbei. Vage konnte er sich daran erinnern, daß diese kleine Gemeinde noch der deutschen Sprachgruppe zugehörig sein sollte. Spontan entschloß er sich, sich dieses Dorf einmal anzusehen.

Es war bereits dunkel, kurz vor acht. Aus der Kirche von Lusern ertönten helle Stimmen. Der Luserner Kinderchor probte gerade für die Weihnachtsmette. Vom Gesang angelockt, öffnete er leise die Kirchentüre. Und in diesem Augenblick begann der Kinderchor frohlockend »Stille Nacht, heilige Nacht...« zu singen. Mit ungewohnten, kehligen Lauten, die ein wenig an das Althochdeutsche erinnerten. Der Besucher war ergriffen: »Das war so wunderschön und feierlich, daß ich noch heute oft glaube, diese Stimmen zu hören.«

Von da an war ihm die Unterstützung der Luserner Gemeinde besonders wichtig, und seit diesem Erlebnis hält Gerhard Bletschacher innigen Kontakt zu der Luserner Bevölkerung.

Lusern und seine Umgebung ist mit etwa 400 Einwohnern nur eine winzige Sprachinsel. Deutsch wird in allen Familien noch von den Älteren gesprochen, die unter der österreichischen Herrschaft damals deutsche Schulen besuchten. Allerdings klingt das nach einem eigentümlichen Dialekt. Fälschlicherweise wird dieser Dialekt oft als ›Zimbrisch‹ bezeichnet. Tatsächlich dürfte er aus erstarrten bajuwarischen Sprachformen, die aus dem 11. und 12. Jahrhundert stammen, bestehen.

Zwei Kulturvereine befassen sich seit längerer Zeit mit diesem Dialekt und der Pflege des Brauchtums. Wie Gerhard Bletschacher erfuhr, wurde dann in den 70er Jahren auch wieder mehr Wert auf die Kenntnis der deutschen Sprache, vor allem bei den

Kindern, gelegt: »Aber Räumlichkeiten fehlten, um sich zu treffen. Geld dazu war auch nicht vorhanden.«

Das 1883 vom Deutschen Schulverein fertiggestellte staatliche Schulhaus, welches damals längst durch ein modernes für die etwa 50 Volks- und Mittelschüler aus Lusern von der Regierung ersetzt worden war, sollte nach einem Umbau als Stätte für eine eigenständige intensive Kulturarbeit dienen.

Es gab eigentlich nur ein Problem: Das Schulhaus war jahrelang unbenützt gewesen und deshalb halb verfallen. Doch mit einer finanziellen Unterstützung der »Stillen Hilfe« und »einer gehörigen Portion Willen, Engagement und Gottvertrauen« begann man, das zukünftige Kulturhaus gründlich zu renovieren und umzubauen.

Allein die Außenmauern blieben erhalten. Innen wurde rigoros ausgebaut. Ebenerdig wurden zwei Versammlungsräume eingerichtet, im ersten Stock fand die Bibliothek, die mit über 3000 Büchern in deutscher und über 100 in italienischer Sprache sowie Zeitschriften ausgestattet ist, sowie ein Kinosaal mit Filmvorführraum Platz.

In Sommerkursen kann nun die Jugend von Lusern in der deutschen Sprache unterrichtet werden. Die drei obersten Volksschulklassen haben von Haus aus je eine Deutschstunde pro Woche. Abendkurse in der deutschen Sprache sowie Kultur-, aber auch Spielfilme in deutscher Sprache runden das Programm im Kulturhaus ab.

Die katholische Pfarrjugend hat in dem Kulturhaus eine neue Heimat gefunden.

Bei der Einweihung des Kulturhauses im Oktober 1978 fanden der Ortspfarrer und der Bürgermeister nur löbliche Worte. Man habe durch diesen Bau der entlegenen Sprachinsel ein kulturelles Zentrum zur Pflege der deutschen Sprache und Kultur erhalten können. Zwischenzeitlich ist das Vereinsheim zu einer richtigen Begegnungsstätte geworden, zum Zentrum des Luserner Dorflebens.

Die »Stille Hilfe« beschränkte sich nicht auf soziale Hilfsmaßnahmen, auch wenn diese im Mittelpunkt der Vereinsaktivitäten standen. Es ging daneben darum, den Südtirolern zu beweisen,

*Das Kulturhaus Lusern: vorher und nachher*

daß man sie in ihrer kulturellen Eigenständigkeit achtete und anerkannte. Deshalb unterstützte die »Stille Hilfe« seit 1972 auch den Südtiroler Künstlerbund. Ausstellungen südtiroler Künstler wurden in Münchener Galerien ermöglicht, und durch den Verkauf vieler Bilder und anderer künstlerischer Erzeugnisse bei den zahlreichen Vernissagen wurden sowohl die einzelnen Künstler gefördert als auch zahlreiche neue Freunde und Spender für die Idee der »Stillen Hilfe« geworben. Die Erlöse aus solchen Ausstellungen ermöglichten es, dem Südtiroler Kulturinstitut Mittel zur Verfügung zu stellen, die zum Erhalt der eigenen Kultur beitrugen.

Zweck und Aufgaben des Südtiroler Kulturinstituts:

*»Die Werte der in Jahrhunderten gewachsenen, vom Christentum geprägten deutschen Kultur in ihrer Nord und Süd verbindenden tirolischen Besonderheit zu erhalten, sowie in weltoffener Weiterentwicklung – in Auseinandersetzung mit den großen Strömungen der Zeit – aufgeschlossen zu fördern.*

*Die Beziehungen zum deutschen Sprachraum durch kulturelle Veranstaltungen in der gemeinsamen Sprache und in europäischem Geiste zu pflegen.*

*Die behördlichen und privaten Bemühungen um Hebung des allgemeinen Bildungsstandes nach Kräften zu ergänzen, damit nicht nur die sozialen Unterschiede materieller, sondern auch diejenigen geistiger Art sich immer mehr verringern und Kultur, über die Aneignung von rein beruflichem Wissen und Können hinaus, Gemeingut möglichst weiter Bevölkerungsschichten wird.«*

Seit 1972 besteht eine enge Zusammenarbeit mit dem katholischen Familienverband in Südtirol. Mit dessen Vertretern ermöglichte man weitere Erholungsmöglichkeiten für Kinder und Mütter.

Aber nicht nur die materielle Versorgung, sondern auch die musische Erziehung südtiroler Kinder lag den Verantwortlichen der »Stillen Hilfe« am Herzen. Dafür organisierte man schließlich die »musischen Wochen für Kinder«, was durch die Unterstützung der Südtiroler Landesregierung und der »Stillen Hilfe« ermöglicht wurde.

In den Monaten Juli und August jeden Jahres wurden im Johanneum in Dorf Tirol die »Musischen Wochen« durchgeführt. Sie sollten die Kinder finanziell bedürftiger Eltern dazu anregen, ihre Freizeit sinnvoll zu gestalten. In den einwöchigen Kursen konnten sie lernen, in der Gemeinschaft mit anderen schöpferisch tätig zu werden. Dabei konnte jedes Kind seine musischen und gestalterischen Fähigkeiten zur Geltung bringen und somit neue Möglichkeiten für die persönliche Freizeitgestaltung erfahren.

Aber auch außerhalb der Landesgrenzen wird die Kultur Südtirols nach allen Kräften unterstützt. So war die »Stille Hilfe« maßgeblich an der Einrichtung des Vereinsraumes der Jung-Südtiroler in München beteiligt. Am 4. März 1977 konnten die neuen Räume bezogen werden.

In den Bereich ›kulturelle Identität‹ gehört auch, daß sich die »Stille Hilfe« um die Erhaltung oder Renovierung bestimmter Kulturdenkmäler bemüht. Als Beispiel sei die Renovierung der Trostburg oberhalb von Waidbruck genannt.

Dieses Vorhaben wurde unter der Patenschaft des leider 1987 verstorbenen langjährigen bayerischen Landwirtschaftsministers Dr. Hans Eisenmann angepackt. Die Burg, der Stammsitz des Minnesängers Oswald von Wolkenstein, befand sich damals in einem miserablen Zustand. Der Südtiroler Burgenverein hatte 1966 die Trostburg übernommen, aber für das nahezu dem Verfall preisgegebene Bauwerk konnte er die gewaltigen finanziellen Aufwendungen zur Restaurierung nicht allein übernehmen.

Unter Leitung Dr. Eisenmanns und auf Anregung von Gerhard Bletschacher wurde innerhalb der »Stillen Hilfe« ein Kreis der ›Freunde der Trostburg‹ gegründet, der sich mit der Bitte um Spenden lediglich an die Träger des bayerischen Verdienstordens wandte. Und die zeigten großartige Spendenbereitschaft, es kamen weit über 100 000 Mark für die Instandsetzung der Trostburg zusammen. Der gesamte Trakt um das Michelstor konnte renoviert werden, die alte Torggl im sogenannten Torggltum

*Die Trostburg – kein trostloser Anblick mehr*

wurde aus dem Schutt, der in Jahrhunderten sich gehäuft hatte, ausgegraben. Das gesamte Mauerwerk bewahrte man durch Betoninjektionen vor dem Zusammenbruch. Alle Dächer wurden instandgesetzt.

Dabei mußte beim Umbau sehr sorgsam vorgegangen werden, denn der natürliche Schmuck der Burg – Bäume und Buschwerk – sollte im Urzustand bleiben. Auch dem durch eine Bombardierung völlig zerstörten Saal, dem ›Renaissance-Palas‹, konnte der alte Glanz zurückgegeben werden. Am großzügigsten wurde jedoch die Kapelle der Trostburg wiederhergestellt. Leider kam beim Umbau die Terrakottafigur des Engelhard Dietrich von Wolkenstein abhanden und wurde die Figur seiner Gemahlin zertrümmert. Aber diese Unbill konnte die Freude über die Restaurierung der Trostburg nicht beeinträchtigen.

Ein Jahr später feierte man, dies als zweites von anderen möglichen Beispielen, die gründliche Restaurierung der Grieser Pfarrkirche. Auch dies war durch die Unterstützung der »Stillen Hilfe« möglich geworden.

Der schöne gotische Bau war wie die Trostburg dem Verfall preisgegeben gewesen. Die Dächer befanden sich in einem trostlosen Zustand, wodurch besonders die vielen Kunstwerke gefährdet waren. Das prächtige romanische Kruzifix mußte sogar im nahegelegenen Kloster untergestellt werden.

Die Restaurierungsmaßnahmen waren umfangreich: Das Dach wurde vollständig saniert, die Fassade und der Turm ausgebessert, und es wurde ihnen ein neuer Anstrich verpaßt. Selbst die Kirchenbänke, die Fenster und der großartige Pacher-Altar wurden von Grund auf restauriert. Die Sakristei mußte neu eingerichtet und eine Lautsprecher- und Alarmanlage installiert werden. Besonders aufwendig gestaltete sich die Freilegung und Reinigung der Sandsteinrippen.

Gelohnt hat sich die ganze Anstrengung dann letztlich nicht nur wegen der Erneuerung des Bauwerks: Bei der Renovierung fand man Spuren aus der Römerzeit, und großartige Fresken wurden freigelegt.

Die Grieser Kirche bei Bozen ist damit wieder zu einem kulturellen und kirchlichen Anziehungspunkt geworden.

Wer das Archiv der »Stillen Hilfe für Südtirol e. V.« durcharbeitet, wird das Bemühen der Vereinsvorstände belegt finden, daß sie bemüht waren, den Verein über alle Jahre hinweg aus der Tagespolitik herauszuhalten. Nun bei einer Aktion hat die »Stille Hilfe« doch ein politisches Anliegen unterstützt: seit Beginn der 70er Jahre arbeitet sie sehr eng mit dem Verein der katholischen Werktätigen zusammen. Durch diese Aktivitäten fand die Organisation auch Kontakt zum autonomen Südtiroler Gewerkschaftsbund.

Beim Ausbau der Adressenkartei wurde dem Südtiroler Gewerkschaftsbund kräftig unter die Arme gegriffen. Eine gebrauchte Adressieranlage wurde von München zum Sitz des Gewerkschaftsbundes geschafft, was zumindest am Anfang hilfreich war. 1987 war es dann schließlich möglich, die Mitgliederkartei einer modernen Datenverarbeitungsanlage einzugeben.

Beim Gespräch mit Gerhard Bletschacher über die vielfältigen Hilfsaktionen, die von der »Stillen Hilfe« ausgingen, erwähnt er auch die Beteiligung am Bau des ersten Blindenheims in Bozen-Gries. Hier waren 1979 die Arbeiten abgeschlossen worden. Mit rund 200 Millionen Lire haben sich damals die »Stille Hilfe« und die deutsche Caritas am Bau des Blindenheimes beteiligt. Etwa 50 Blinde finden in dem Heim Unterkunft. Ein Schulungszentrum, ›beschützende Werkstätten‹, eine Bibliothek und die Gemeinschaftsräume stehen auch andern Blinden offen. Denn das ist auch das Konzept: kein Blinder soll sich ›in ein Heim abgeschoben vorkommen‹, sondern sie sollen mit Leidensgefährten, die noch in einer vertrauten familiären Umgebung leben, Kontakte knüpfen und Mut fassen, wieder eine selbständige Existenz aufzubauen.

Mit dem Verein der Behinderten besteht eine sehr enge Zusammenarbeit. Bisher wurden zwei Kleinbusse im Wert von knapp 100000 Mark mit der Unterstützung der »Stillen Hilfe« angeschafft. Und der Verein vergißt diese Unterstützung nicht: Seit Jahren besuchen Delegierte regelmäßig die Jahreshauptversammlungen der »Stillen Hilfe« in München.

Diese Aktion war eine der vielen kleinen Hilfen, um Behinderten in Südtirol zu ermöglichen, aus einer erwählten oder von der Umwelt aufgebauten Isolation herauszukommen.

Nicht nur Gewerkschafts- und Behindertenbund stehen neben den Bergbauern auf der Förderliste der »Stillen Hilfe für Südtirol e. V.«:

Von 1983 bis 1985 wurde beispielsweise kräftig beim Neubau des Kolpinghauses in Bozen mitgeholfen. Leider sind bei diesem Projekt die Verpflichtungen noch nicht ganz eingelöst. 1983 wurde der Grundstein für das Haus gelegt, heute leben

## Ein Kleinbus für die Behinderten

### Algund: Segnung des behindertengerechten Fahrzeugs

Die Arbeitsgemeinschaft für Behinderte (AfB) verfügt nunmehr über einen zweiten Spezialbus zur Beförderung der Behinderten. Die Segnung des Fahrzeuges erfolgte am Samstag nachmittag vor dem Aufenthaltsraum der Behinderten in Algund. Die »Stille Hilfe für Südtirol« hatte die Anschaffung des Spezialfahrzeuges mit einer großzügigen Spende möglich gemacht.

An der Finanzierung beteiligten sich auch die Raiffeisenzentrale, die Raiffeisenkassen von Algund, Schenna, Meran und Lana, die Gemeinden Bozen, Meran, Partschins, Naturns und St. Pankraz. Weitere Banken und Privatpersonen trugen mit kleineren Beträgen zur Anschaffung bei.

Der von der Firma Ruggeri in Brescia behindertengerecht umgebaute Fiat 242 Diesel ist mit einer hydraulischen Hebebühne ausgestattet, mit der ein Rollstuhlfahrer mühelos hochgehoben werden kann. Mit dem Kleinbus können acht Behinderte, davon drei im Rollstuhl, befördert werden. Standheizung und Klimaanlage sorgen für das Wohlbefinden der Behinderten.

Der Vorsitzende der »Stillen Hilfe für Südtirol«, Gerhard Bletschacher, hatte die weite Reise nicht gescheut, um der Segnung des Fahrzeuges beizuwohnen. Der am Vortag in seinem Amte wiederbestätigte Präsident der AfB, Leo Schweitzer, richtete an die Spender warme Worte des Dankes. Da die öffentlichen Verkehrsmittel nicht behindertengerecht gebaut seien, habe die AfB begonnen, einen eigenen Behindertentransport aufzubauen, der auch von Behinderten außerhalb der AfB in Anspruch genommen werden könne.

Applaus zollten die Anwesenden den Worten Bletschachers, der sich glücklich pries, daß die »Stille Hilfe« diesmal etwas für die Behinderten in Südtirol tun könne. Ortskaplan Franz Mesner nahm die Segnung des Fahrzeugs vor. Förderer und Behinderte versammelten sich anschließend im Aufenthaltsraum der AfB zu einem Umtrunk.

rund 150 Lehrlinge, Studenten, junge Lehrer und Beamte einträchtig in dieser angenehmen und preiswerten Unterkunft.

Der Umbau war notwendig geworden, weil der rund 17000 Quadratmeter große Bau nicht mehr den Anforderungen eines modernen Wohnheimes entsprach. Doch beinahe wären die Umbaupläne gescheitert, denn das im Jugendstil erbaute Haus mußte in seiner Bausubstanz erhalten werden! Und das war gleichbedeutend mit einem riesigen Finanzierungsaufwand, den das Südtiroler Kolpingwerk nicht alleine leisten konnte. Durch Zusagen des Landes Südtirol, das ein Drittel der Baukosten übernahm, mehrerer deutscher Bundesländer, des österreichischen Staates und der »Stillen Hilfe« konnte nach langen und nervenzehrenden Verhandlungen das Vorhaben doch noch angepackt werden. Fast 20 Prozent der Baukosten übernahm schließlich die ›Stille Hilfe‹: 1 Million Mark. Aber ein Projekt solcher Größenordnung ist einzig in der Vereinsgeschichte.

In den vergangenen 15 Jahren wurden weit über tausend Schüler und Schülerinnen, meist Kinder aus Bergbauernfamilien, mit Stipendien der »Stillen Hilfe« gefördert.

Viele Bergbauern hätten es sich sonst nie leisten können, ihren Mädchen und Buben eine solche Ausbildung zu ermöglichen. Die Förderung beträgt jenen Teil des Schulgeldes, der den Unterschiedsbetrag deckt, der für die Unterbringung in einem der Schülerheime aufgebracht werden müßte. Während den einen Teil die Südtiroler Landesregierung übernimmt, trägt den anderen Teil – im Jahr etwa 1 Million Lire, das entspricht heute ungefähr 1400 Mark – die »Stille Hilfe«.

Nur durch Patenschaften können die Stipendien getragen werden, ohne den Etat stark zu belasten. Viele der Paten übernehmen die Stipendien ihrer Schützlinge sogar in voller Höhe.

Eines der wichtigsten Ziele dieser Patenschaften ist, daß ein Kontakt zwischen dem Paten und dem geförderten Kind oder Jugendlichen entsteht. Es soll nicht nur per Scheckheft oder Postüberweisung eine ›Nummer‹ gefördert werden, sondern jeder, der hierfür spendet, sollte genau wissen, welchen Buben oder welches Mädchen er über viele Jahre hinweg unterstützt.

Dadurch sind über all die Jahre sehr enge Kontakte zwischen Kindern aus Südtirol und Paten in Deutschland entstanden. Und es ist gar nicht selten, daß Südtiroler Kinder in den Ferien von ihren Paten eingeladen werden.

*Brandunglück in La Val – Feuer bedroht die Existenz der Bergbauern.*

ihm auch noch ein Stipendium für das Studium zu. Da begab er sich auf den Weg und begann, in Innsbruck Geschichte und Architektur zu studieren. Und da er fleißig war, wurde er mit dem besten Hochschulabschluß des Jahres 1987, mit dem Ehrenpreis des Österreichischen Bundespräsidenten, ausgezeichnet. Zum krönenden Abschluß konnte er sich am Ende des Studiums zwei Doktortitel erarbeiten. Doch der Erfolg ist ihm nicht zu Kopf gestiegen. Mit dem Erlernten will er dazu beitragen, die Struktur der südtiroler Dörfer so zu erhalten, wie sie sich im Laufe der Jahrhunderte entwickelt hat. Die Besonderheit soll dann noch sein, daß dabei die Lebensqualität der Bewohner steigt. Ein wichtiges und erstrebenswertes Ziel.

Das im ersten Kapitel beschriebene Schicksal der Familie Heinisch oder das Brandunglück im ladinischen La Val sind, wie die Geschichte Konrad Bergmeisters, Fälle, die in erster Linie einzelne Menschen betreffen. Wie segensreich die »Stille Hilfe« immer wieder eingreift, verdeutlicht eindrucksvoll der Brief des Bergbauern Josef Leitner:

Ein sprechendes Beispiel für ein erfolgreiches Stipendium ist der berufliche Werdegang von Konrad Bergmeister, dem Sohn einer Bergbauernfamilie aus Weitental mit zahlreichen Kindern. Seine Geschichte trägt geradezu märchenhafte Züge:

Es war einmal, hoch droben im Pustertal, oberhalb von Weitental, eine Bergbauernfamilie. Der Vater arbeitete hart auf dem Hof, und die Mutter kümmerte sich um die Familie. Die Kinder gingen im Tal nach Weitental zur Schule.

Als Konrad, der älteste, vierzehn Jahre alt war, rieten ihm die Lehrer, auf eine weiterführende Schule zu gehen. Doch der Vater konnte sich das nicht leisten.

Üblicherweise erscheint an solchen Stellen im Märchen immer eine Fee, doch dieses Mal übernehmen diese Rolle das Südtiroler Land und die »Stille Hilfe«. So konnte der Junge mit beider Hilfe die weiterführende Schule besuchen. Klasse für Klasse schloß er mit ganz hervorragenden Ergebnissen ab und machte schließlich das Abitur. Als er vor der Alternative stand, entweder zu studieren oder aus Geldmangel einen Beruf zu ergreifen, sicherte man

Leitner Josef
Bauer am »Rieperhof« in Egg 22 – Stilfes
Gemeinde Freienfeld Egg, am 05. 11. 1987

Herrn
Gerhard Bletschacher
Vorsitzender der »Stillen Hilfe für Südtirol e. V.«
Sonnentaustr. 24
8000 München 50

Sehr geehrter Herr Bletschacher!

Gleich nach Erhalt Ihres finanziellen Beitrages von L 6 140 000 habe ich Herrn Benedikter von Trens gebeten, Ihnen ein Dankschreiben zu schicken. Das hat Herr Benedikter dann auch gemacht! Herr Benedikter war mir auch beim Ansuchen und der Beschaffung der Unterlagen behilflich.

Nun möchte ich mich aber persönlich bei Ihnen und der »Stillen Hilfe« für die wirklich sehr namhafte, finanzielle Unterstützung bedanken, dies besonders auch seitens meiner Frau und meiner vier Kinder, und einen innigen und aufrichten Dank aussprechen.

Im Sommer über komme ich kaum dazu, etwas zu schreiben. Ich bin von früh bis oft spät abends bei der Arbeit. Mein Hof liegt teilweise extrem stark im Steilhang und die meisten Felder sind nur mit der Sense mähbar. Das Heu muß zum Großteil zum Hof getragen werden.

Doch die Frau und die Kinder helfen fleißig mit, und so schaffen wir die Bewirtschaftung dieses sehr arbeitsamen Hofes in altbewährter Weise.

Durch diese namhafte Hilfe ist es mir auch möglich, daß ich das Haus für meine Kinder im Tal herunten behalten und vielleicht in einigen Jahren wohnbar herrichten kann, damit sie, wenn sie auf Arbeit gehen müssen, auch im Tal herunten eine Heimstätte haben. Denn mein Berghof ist im Winter bei großen Schneefällen nicht immer erreichbar. So haben Sie mit dieser sehr namhaften finanziellen Unterstützung durch die »Stille Hilfe« für meine Kinder zu deren Zukunfts- und Existenzmöglichkeit ganz entscheidend beigetragen.

Wenn's auch manchmal hart ist, auf so einem Berghof weiterzukommen, und man schaut nach Hilfe aus und unverhofft kommt diese Hilfe, so bekommt man wieder neuen Mut und Arbeitsfreude. Und wenn's auch härter wäre, so einen Hof zu bearbeiten, heruntergehen würde ich nie. Es ist das Erbe meiner Vorfahren und meine Heimat, und die will ich weitervererben. Nochmals einen recht herzlichen, innigen und aufrichtigen Dank Ihnen und der »Stillen Hilfe«, auch seitens meiner Frau und Kinder, für die großzügige Hilfe.

Mit dankbaren Grüßen

Josef Leitner
Bauer am »Rieperhof« in Egg 22

Die Spenden der Mitglieder und Gönner der »Stillen Hilfe« sind niemals als Almosen gedacht gewesen, »das der reiche Nachbar gönnerhaft dem armen gibt: als Taschengeld für die Bergbauern, die zukünftigen Animateure der Freizeitgesellschaft« (FF – Die Südtiroler Illustrierte, Heft 12/83). Wer so schreibt, hat keine Ahnung, mit welcher Opferbereitschaft zahllose Spender und Spenderinnen auf die Aufrufe und Appelle immer wieder reagieren! Vielmehr sind allen Mitgliedern der »Stillen Hilfe« die Probleme des Bergbauernlebens und die Rolle der Bergbauern für die Erhaltung einer eigenständigen Kultur wie auch der Ökologie der Bergwelt bewußt. Sicherlich stand zu Beginn der Hilfe im Vordergrund, daß diese bäuerliche Kultur als die einer Minderheit der Unterstützung bedurfte; daß es heute außerdem um die Erhaltung des für uns alle lebenswichtigen Ökosystems Alpenraum geht, ist doch nur eine vernünftige und einsichtige Begründung dafür, weiterhin den Bergbauern zu helfen!

Das war auch letztlich die Ursache dafür, daß nicht nur bedürftigen Bergbauern Hilfe zuteil wurde. Auf Initiative der »Stillen Hilfe« wurde 1974, zusammen mit dem Südtiroler Bauernbund, ein sogenannter ›Bergbauernpreis‹ ins Leben gerufen. Ein Vortrag von Dr. Rampold, dem verdienten Journalisten für die Belange Südtirols, 1973 bei der 10-Jahres-Feier des Vereins, gab den Anstoß für den ersten und in seiner Art einzigen Bergbauernpreis, den es auf der Welt gibt.

Mit drastischen Worten hatte er damals alle Anwesenden in eindrucksvoller Weise auf die sich ständig verschlechternde Situation der Bergbauern aufmerksam gemacht. Er zeigte die Probleme auf, die damals im Zusammenhang mit dem Mansholt-Plan auf die Bergbauern zukamen. Der Plan des holländischen Vizepräsidenten der EG-Kommission, Siggi Mansholt, ging davon aus, daß nurmehr Agrarfabriken die Versorgung der Bevölkerung sicherstellen könnten. Das wäre natürlich der ›Todesstoß‹ für die Bergbauern gewesen. Doch dieser Plan konnte sich zum Glück nicht in allen Einzelheiten durchsetzen.

Dr. Rampold schilderte weiter, daß es trotz der Probleme, die die Bergbauern bei der Bewirtschaftung ihrer extrem gelegenen Höfe hätten, eine Vielzahl von Bergbauern gebe, die selbst unter schwierigsten Bedingungen, ohne Straßenanschluß, nur mit einer Materialseilbahn und bestenfalls mit einem eigenen kleinen Kraftwerk, mit dem sie selbst Strom erzeugen können, bewiesen, daß auch sie wirtschaftlich arbeiten könnten. Sie verdienten zwar keine Millionen, erhielten aber doch ihre Familien und den Besitz und gäben ihn ihren Nachkommen weiter.

Ein Ergebnis dieses bestechenden Vortrags war bei der Vorstandschaft der »Stillen Hilfe« die spontane Idee der Schaffung eines Preises, der Bergbauern auszeichnet, die derartige vorbildliche Arbeiten leisten. Kurze Zeit später wurde dann der ›Bergbauernpreis‹ als eine Anerkennung für erfolgreiche Bergbauern ausgelobt: vorgeschlagen werden konnten alle, die beispielhaft und auch mit allen möglichen modernen Hilfsmitteln erfolgreich ihren Hof bewirtschafteten. 1974 wurde er dann erstmals im Rahmen der Jahreshauptversammlung des Südtiroler Bauernbundes vergeben:

Erich Thöni aus Langtaufers und Alois Gruber aus St. Johann im Ahrntal waren die ersten Preisträger.

Der Angererhof von Erich Thöni liegt in 1800 Metern Höhe, ist einer der steilsten Höfe in Langtaufers. Doch das hinderte Erich Thöni nicht daran, mit viel Mühe und Fleiß den Hof zu bewirtschaften – was größtenteils nur mit Handarbeit möglich ist. Dort wo es ging, setzte er technische Hilfsmittel ein, rationalisierte die Arbeit und steigerte so sein Einkommen. Im Jahr 1974 war der Angererhof zu einem mustergültigen Betrieb ausgebaut. 10 Stück Vieh standen damals bereits im Stall.

Auch Alois Gruber wurde damals für zeitgemäße und wirtschaftliche Bearbeitung seines Hofes ausgezeichnet. Mit einer Seilwinde und einer kleinen Mähmaschine hatte er es geschafft, seine extrem gelegenen Wiesen zu mähen. Um wirtschaftlicher arbeiten zu können, pachtete er einen kleinen Bergbauernhof in 1600 Metern Höhe dazu. 25 bis 30 Stück Vieh standen zur Zeit der Verleihung in seinen Ställen und brachten genug Geld, um die zehnköpfige Familie zu ernähren.

Seit 1974 wurden jährlich zwischen zwei und sechs Bergbauern mit diesem Preis ausgezeichnet. Dabei zählen nicht nur ›Ruhm und Ehre‹: der Preis ist auch mit einer ansehnlichen Prämie für die Preisträger verbunden.

1982 erhielt Georg Priller diese Anerkennung. Sein Schicksal war einer der herausragenden Fälle, die zur Auszeichnung mit dem Bergbauernpreis geführt haben.

In 1515 Metern Höhe liegt der ›Krautgartnerhof‹, das Anwesen der Familie Priller in Terenten. Der Krautgartnerhof gilt als einer der steilsten und höchstgelegenen Höfe in dieser Zone. Erst im Jahr 1976 wurde der Hof durch einen kleinen geteerten Weg erschlossen.

Die Familie Priller jedoch haderte mit dem Schicksal.

Im Jahr der Erschließung wurde das Wirtschaftsgebäude vollständig und das Wohngebäude größtenteils ein Raub der Flammen. Natürlich halfen die Nachbarn so gut sie es vermochten. Die Kinder wurden in den umliegenden Höfen untergebracht. Doch der Hof konnte nicht mehr weiter bewirtschaftet werden. Bergbauer Priller mußte sich nach anderer Arbeit umschauen, um seine Familie durchzubringen. Im Sommer verdingte er sich als landwirtschaftlicher Arbeiter in Terenten, und auch im Winter arbeitete er als Holzfäller im Akkord. Er sparte jede Lire, die er nicht unbedingt zum Leben brauchte. Einige Jahre später war es dann soweit: In der Gemeinde Sarntal konnte er davon wieder einen Hof, den Siebenfahrerhof, pachten und seine Familie zusammenholen. Doch auch seine Eltern bedurften seiner Unterstützung: Dazu baute er den elterlichen Hof in Terenten wieder auf. Alles mußte von Grund auf erneuert und auch der Viehbestand neu erworben werden. Georg Priller und seine Familie schafften es. Im Jahr 1980 kehrten sie wieder zurück auf den Krautgasserhof. Heute hat der Hof eine Flächenausdehnung von 53 Hektar, wovon 7 Hektar Wiesen sind, 15 Hektar Wald und der Rest Weide und unproduktive Fläche.

Die Liebe zu seiner Heimat und der Drang nach Selbständigkeit und Unabhängigkeit gaben ihm die Kraft und Ausdauer.

Der letzte Preisträger war die Familie Pixner. In etwas mehr als 10 Jahren schaffte sie es, den Ertrag des Hofes zu verdoppeln und ihn vollständig zu renovieren.

Daß es den Bergbauern nicht nur ums Geld geht, sondern der Preis für die meisten auch ideelle Werte besitzt, belegt folgendes:

Als kürzlich einem Bergbauern samt seinem ganzen Hof mit Vieh und Futter auch das Diplom des von der »Stillen Hilfe« gestifteten Bergbauernpreises verbrannte, fragte er bei Gerhard Bletschacher ganz bescheiden nach, ob er ein Duplikat dieser Urkunde haben könne; sie solle, wenn der Hof neu steht, wieder einen Ehrenplatz in der Stube einnehmen.

Es wurde schon erwähnt, daß ein Großteil der Spenden dazu freiwilliger Natur sind. Aber so mancher spendet auch unfreiwillig. Als ein Münchner Rentner abends einmal spazierenging, sah er drei Jugendliche auf dem Kotflügel eines geparkten Autos Pizza essen. Er glaubte irrtümlicherweise, es sei das Auto seines Schwiegersohns und fürchtete um den Lack. Mit einigen derben Worten versuchte er, die Jugendlichen zu vertreiben. Doch die ignorierten den wütenden Mann.

Das war zuviel. Voller Zorn schlug er auf einen der drei ein. Als die anderen versuchten, ihn zurückzuhalten, griff auch noch die Frau des Mannes in das Handgemenge ein. Die Jugendlichen gingen vor Gericht, und der Rentner wurde verurteilt. 1000 Mark Strafe mußte er zahlen. Das Gericht beschloß, daß das Geld der »Stillen Hilfe« zur Verfügung gestellt werden sollte.

*Verleihung des Bergbauernpreises an die Familie Pixner*

Gerhard Bletschacher lacht, wenn er sich an diese Geschichte erinnert: »Was aber nicht heißen soll, daß die ›Stille Hilfe‹ schlagkräftige Mitglieder benötigt. Tatkraft ist da schon eher an anderer Stelle gefragt!«

Tatkraft, wie sie beispielsweise der Automobilclub Idstein unter dem Vorsitzenden Werner-Alwin Wenig seit Jahren zeigt. Denn regelmäßig wird vom AMC Idstein eine Quizfahrt in Südtirol veranstaltet. Bei der 18. Foto-Such- und Quizfahrt 1987 waren es schon über 2500 Teilnehmer. Dabei steuert man nicht nur altbekannte Touristenziele an, sondern läßt sich durch die Fahrtunterlagen auch in unwegsamere und unbekannte Gebiete leiten und lernt dabei Land und Leute Südtirols erst so richtig kennen. Mit einem Teil ihres Nenngeldes unterstützen die Teilnehmer die »Stille Hilfe«. Dadurch konnten in den vergangenen Jahren drei Dutzend Patenschaften für Südtiroler Bergbauernkinder übernommen werden.

Eine andere Idee hatte die Kirchengemeinde St. Nikolaus vom Hasenbergl/München. Auf Einladung der Pfarrei St. Nikolaus hielt Luis Trenker am 24. Februar 1984 einen Vortrag über Südtirol im Gemeindesaal im Hasenbergl. Dazu muß man wissen, daß dieses Viertel in München einen schlechten Ruf hatte, da die Sozialstrukturen und die Baulichkeiten dem bürgerlichen Milieu nicht angepaßt waren, was bekanntlich wenig mit Moral oder Hilfsbereitschaft, aber viel mit Vorurteilen zu tun hat.

In seiner mitreißenden, engagierten Weise und voller Lebensmut erzählte der große alte Mann eindrucksvoll vom Leben der Bergbauern in Südtirol und von ihrem harten Los. Betroffen und ergriffen spendeten die Zuhörer spontan 2 500 Mark.

Doch was sollte man mit diesem Geld anfangen? Schließlich wurde das Geld der »Stillen Hilfe« überwiesen, wenn auch mit einer Auflage: Es sollte für die Anschaffung einer ausgewachsenen Milchkuh ausgegeben werden!

Der Bauer vom südtiroler Innerhof war der Glückliche, bei dem die Kuh in den Stall gestellt wurde. Und noch heute besuchen viele der Hasenbergler, wenn sie nach Südtirol in Urlaub

**20 Jahre „Stille Hilfe"**

*Zwei Beamte der Münchner Stadtverwaltung, ein Bankkaufmann, ein Rechtsanwalt, ein Landwirt und der Geschäftsführer einer Kartonagenfabrik, Gerhard Bletschacher, gründeten am 15. März 1963 in einem Münchner Café die „Stille Hilfe für Südtirol", eigentlich nur mit dem Ziel, in Südtirol etwa zehn Kindergärten in Bergbauerngebieten mitzufinanzieren. Inzwischen sind in den 20 Jahren 22 Millionen Mark Spenden für 68 Kindergärten, für Studienbeihilfen (vor allem für Schüler aus Bergbauernfamilien), für kulturelle und soziale Einrichtungen sowie als Soforthilfe für Menschen in Not nach Südtirol geflossen. Und „wenn der Verein nicht gegründet wäre, müßte er jetzt, da es vielen Bergbauern besonders schlecht geht, ins Leben gerufen werden", sagte Gerhard Bletschacher, der als Buchhalter, Korrespondent und „Schreibdame" des Vereins ohne die geringsten Verwaltungsspesen, nur aus großem Idealismus seit 20 Jahren als „Seele des Vereins" für Südtirol arbeitet. Mit ihm sind Stadtrat Layritz, Oberverwaltungsdirektor Beling, Bundestagsabgeordneter Lemmrich und Herr Kahlich für weitere zwei Jahre im Vorstand tätig.*

fahren, ›ihre Kuh‹. Dort unten ist sie mittlerweile schon fast eine Berühmtheit geworden.

Aber das war nur der Anfang; inzwischen sind durch Spenden weit über 50 Kühe für südtiroler Bergbauern angekauft worden. Dort wo die Futtergrundlage vorhanden ist, ist diese Art von Spenden auf jeden Fall sinnvoller als Bargeld.

Die Liste des Erfolges der »Stillen Hilfe« ist lang, und man kann nur Einzelbeispiele herausheben.

Ebenso lang ist aber auch die Liste jener Mitbürger, die bereits zum 20jährigen Bestehen gratulierten. Und wenn auch zahlreiche Politiker darunter waren, so ist das nicht nur deswegen erfreu-

**Bundeskanzler Dr. Helmut Kohl zur „Stillen Hilfe für Südtirol“**

*„Seit langen Jahren bin ich ein großer Freund von Südtirol. Der ‚Stillen Hilfe‘ bin ich deshalb beigetreten, weil ich helfen will, die Südtiroler Volksgruppe kulturell und sozial zu unterstützen, damit sie ihre kulturelle Identität bewahren kann.“*
*Dr. Helmut Kohl*

**SPD-Bundestags-Fraktionsvorsitzender Dr. Hans-Jochen Vogel zur „Stillen Hilfe für Südtirol“**

*„Ich bin Südtirol und den Südtirolern seit über 30 Jahren verbunden. Die ‚Stille Hilfe‘ unterstütze ich, weil sie den Menschen in Südtirol wirksam, aber sympathisch-unauffällig und ohne Aggressivität zur Seite steht.“*
*Dr. Hans-Jochen Vogel*

lich, weil man ihre Kontakte oft dringend brauchte, wenn es darum geht, bestimmten Hilfsaktionen zum Erfolg zu verhelfen; die Gratulanten gehören den unterschiedlichsten politischen Lagern an – und das ist wohl der treffendste Beweis dafür, daß es schon damals der »Stillen Hilfe« durch ihre Arbeit gelungen war zu beweisen, daß es ihr immer nur um eine humanitäre, von allen anerkannte Hilfe gegangen war.

## Grußwort des Bayerischen Ministerpräsidenten Dr. h. c. Franz Josef Strauß

*Der Verein »Stille Hilfe für Südtirol e. V.« feiert in diesen Tagen sein 20jähriges Bestehen. Seit seiner Gründung am 15. März 1963 in München haben seine Mitglieder erhebliche Leistungen für die deutsche und ladinische Volksgruppe in Südtirol erbracht.*

*Die finanzielle Mithilfe beim Bau von bisher 68 Kindergärten, die Bereitstellung von mehr als 1500 Stipendien für Bergbauernkinder, die Beschaffung von 13 Krankentransportwagen, die den Namen »Bavaria« tragen, die Förderung vieler sozialer und kultureller Einrichtungen, besonders aber die unzähligen Hilfen für wirtschaftlich bedrohte Bergbauernfamilien zeigen, daß private Initiativen die Arbeit der öffentlichen Hand wirksam unterstützen können.*

*Es erfüllt mich mit Genugtuung, daß der Verein so erfolgreich für einen Teil der Alpenregion, nämlich für Südtirol, tätig geworden ist und stets seine Satzung einzuhalten verstand, die jede politische Tätigkeit ausschließt. Mein Dank gilt allen, die diese günstige Zwischenbilanz ermöglicht haben. Spendenfreudigkeit und Idealismus sind daran ebenso beteiligt wie Einfühlsamkeit und Ausdauer.*

*Die fernab gelegenen Bergbauernhöfe, das zu errichtende Kolpinghaus in Bozen oder die bestehenden karitativen und kulturellen Einrichtungen – um nur einige Beispiele zu nennen – bieten auch in Zukunft ein weiteres Betätigungsfeld. Und die Südtiroler dürfen sich auf ihre nördliche Verwandtschaft verlassen, solange sie der Hilfe bedürfen, damit sie mit den naturgegebenen Daseinsbedingungen fertigwerden und ihre Eigenständigkeit in Lebensart und Geisteshaltung bewahren.*

*Dr. h. c. Franz Josef Strauß*

## Grußwort des CDU-CSU-Bundestags-Fraktionsvorsitzenden Dr. Alfred Dregger

*Anläßlich des 20. Gründungstages der »Stillen Hilfe für Südtirol e. V.« übermittle ich Ihnen im Namen der CDU-CSU-Bundestagsfraktion Dank und Anerkennung für die bedeutende uneigennützige soziale und kulturelle Arbeit, die Sie in und für Südtirol leisten.*

*Ihrem weiteren Wirken gelten unsere besten Wünsche. Ich bedauere sehr, daß meine Pflichten in Bonn mir gegenwärtig nicht gestatten, an der Jahreshauptversammlung teilzunehmen und dabei auch das Referat von Herrn Landeshauptmann Dr. Silvius Magnago zu hören.*

*Ihrer Veranstaltung wünsche ich einen vollen Erfolg und sende Herrn Dr. Magnago und allen Mitgliedern der Stillen Hilfe die besten Grüße.*

*Ihr Dr. Alfred Dregger*

Seither sind schon wieder fünf Jahre vergangen, und noch immer heißt es: Die »Stille Hilfe« hilft still!

Die 25jährige Bilanz ist ein Dokument selbstloser Hilfeleistung, nicht nur von den hauptsächlich Aktiven und deren Familien, sondern auch von den Mitgliedern und Spendern!

Und was denken andere darüber?

Für einen Artikel über die »Stille Hilfe« in der Südtiroler Illustrierten wurden Münchner Bürger befragt. Ein 65jähriger Rentner sagte:

»Ich kenne die Gegend, das haben sie sicherlich nötig. Die Bergbauernhöfe verfallen, und der Staat setzt die Bergbauern heute nur noch als Parkwächter für die Almen ein. Dafür sollte man etwas tun, um die Gegend zu erhalten.«

Ein 24jähriger Student:

»Ich glaube nicht, daß diese Art von Hilfe noch zeitgemäß ist. Da wäre doch der italienische Staat zuständig. Wir fahren ja auch nicht nach Rom und sammeln für die Bauern im Bayerischen Wald.«

Ein 60jähriger Mann mit Janker und Gamsbart:

»Ich kenne die Leute. Ich habe schon den Eindruck, daß eine Unterstützung sinnvoll ist.«

Eine Rentnerin, etwa 70 Jahre:

»Ich kenne Südtirol nicht, ich bin aus der DDR, es wird schon eine gute Sache sein, sonst würden nicht so viele Leute spenden.«

Ein 50jähriger kaufmännischer Angestellter:

»Aufgrund des Massentourismus ist das heute nicht mehr nötig. Es gibt fast keine armen Bauern mehr, genausowenig wie bei uns im Bayerischen Wald. Gerade heute, wo der ›Urlaub auf dem Bauernhof‹ an Beliebtheit zunimmt, da kommt genug Geld herein für die Südtiroler.«

Eine Dame, etwa 40 Jahre alt, im eleganten Pelzmantel:

»Ich begrüße das sehr. Ich stamme selbst aus einer Bauernfamilie. Bevor man alles Geld nur in die Dritte Welt gibt, wo es in dunklen Kanälen verschwindet und die Bevölkerung nichts davon sieht, ist es in Südtirol sicher besser angebracht.«

Ein Leserbriefschreiber (Alter unbekannt) aus Südtirol zu einem Beitrag im Merianheft über Südtirol:

»Die armen ›Armen‹ im reichen Land Südtirol. Mit dem Märchen vom armen Südtirol muß nun endlich Schluß sein. Mit einem Jahreshaushalt von 2000 Milliarden Lire hat es Südtirol nicht mehr nötig, im Ausland betteln zu gehen, wo dann von Österreich und Deutschland ›Stille Hilfe‹ geleistet wird. Anerkannt wird diese Hilfe doch nur mit dem schuldigen Dank für vergangene schwere Zeiten. Aber jetzt ist es genug damit!

Es ist unwürdig und beschämend, sich weiter helfen zu lassen, denn darunter leidet nur unser Selbstbewußtsein.

Der Egoismus vieler Begüterter ist stärker als soziale und moralische Verpflichtung. Die Armen kommen bei der Verteilung der Mittel zu kurz, sie sind zu schwach, um ihre Nöte zu vertreten.«

Zu solchen Meinungen stand folgender Kommentar im Rundbrief der »Stillen Hilfe«, Weihnachten 1987:

»Der symbolische Charakter dieser Hilfe wird weitgehend wohl vergessen. Was da an Hilfe kommt, stammt von Leuten aus allen Schichten, ist ein Freundschaftsbeitrag, ist Bekundung einer oft generationenlangen Freundschaft zu diesem Land. Niemand hat darum gebettelt, es ist Ausdruck spontaner Zuneigung.«

Über die Leistungen und die Notwendigkeit der »Stillen Hilfe« kann sich nun jeder selbst ein Bild machen. Wenn man jedoch die Menschen fragt, die gespendet haben – oder jene, denen geholfen wurde, so gibt es keinen Zweifel, daß der bisherige Weg der richtige war.

# Das Land im Gebirge

## Abriß der Geschichte Südtirols

Südtirol – fruchtbare grüne Täler, unwirtlich anmutende Berge. Die Berglandschaft strahlt jenen ernsten Zauber aus, der die Menschen seit Jahrhunderten in ihren Bann zieht, sie an sich fesselt und sie prägt.

Auch in der Geschichte Südtirols ist dieser Einfluß, ist ein dauerndes Auf und Ab spürbar. Südtirol liegt zu zentral, als daß geschichtliche Entwicklungen außerhalb seiner Grenzen spurlos an dem Land hätten vorübergehen können. Politische Turbulenzen haben immer wieder ihre Spuren hinterlassen. Deshalb bot Südtirol stets einen fruchtbaren Boden für Kunst und Kultur. Die wechselvolle Geschichte, die mannigfaltigen kulturellen Strömungen und die herrliche Natur machen die Faszination Südtirols aus.

Aus diesem Grund darf in einem Buch über Bergbauern, über die Menschen Südtirols die Geschichte dieses Landstriches nicht fehlen. Wenn dabei im folgenden immer wieder von Tirol die Rede ist, wenn es um Südtirol geht, so liegt dies daran, daß Südtirol erst seit kurzer Zeit als eigene Provinz gilt.

Aufgrund des milden Klimas und der zentralen Lage war Südtirol schon sehr früh besiedelt. Bereits in der Jungsteinzeit, also vor mehr als einer Million Jahren, sollen hier Menschen gelebt haben. Über 800 Siedlungsstätten aus vorrömischer Zeit hat man bis heute gefunden und ausgegraben. Die ältesten Fundstätten, die berühmten Steinkistengräber von Eppan, werden auf die Zeit um 2000 v. Chr. datiert. Völker wie die Kelten, die Etrusker und die Veneter besiedelten damals den südlichen Alpenraum.

Im zweiten Jahrhundert v. Chr. kamen die Römer erstmals in das Gebiet des heutigen Tirols. Drusus und Tiberius, die Stiefsöhne des Augustus, eroberten 16 und 15 v. Chr. das ganze Ostalpenland. Auf ihrem erfolgreichen Feldzug drangen sie sogar bis zur Donau vor.

Die neuen Herrscher machten zwischen den für sie fremden und wilden Alpenbewohnern im Gebiet des heutigen Tirol keinen Unterschied und gaben ihnen deshalb einen einheitlichen, aber entsprechend undifferenzierten Namen: »Räter«. Doch die Ureinwohner Tirols stellten keine gleichartige Einheit dar. Jeder Stamm hatte seine eigenen Traditionen, seine eigene Kultur. Erst viel später nahmen die Römer die Verschiedenartigkeit der Völker Tirols zur Kenntnis.

Im Unterschied zu anderen von den Römern besetzten Gebieten wurde in Tirol keine bedeutende römische Stadt errichtet. Das heutige Tirol war für die Römer kaum mehr als eine Durchgangsstation zu den wichtigen römischen Städten im Norden. So entstanden in der Römerzeit nur die befestigten Alpenübergänge, beispielsweise die Via Claudia Augusta von Ostilla am Po nach Augsburg oder der Weg über den Brenner. In Bozen, Sterzing, Meran und Kollmann wurden befestigte Lager gebaut, die diese sehr wichtigen Verkehrswege in den nördlichen Einflußbereich des Römischen Reiches sichern sollten.

Mit den Römern – und natürlich vom Westen her (Iroschottische Mission, Kloster St. Gallen) – kam auch das Christentum nach Tirol. Die ersten Kirchen wurden aber erst im 6. Jahrhundert in Bozen und Säben erbaut.

Im 6. Jahrhundert n. Chr. war Tirol noch stärker gespalten als zu Beginn der Römerherrschaft. Letztere war jäh zu Ende gegangen, und die Völker aus dem Norden besiedelten nun das heutige Tirol. Im Jahre 568 n. Chr. fielen Langobarden in das Land ein, die sich vorher bereits auf der italienischen Halbinsel ausgebreitet hatten. Ihr Versuch, von Süden her das ganze Land Tirol zu erobern, schlug jedoch fehl: sie beherrschten schließlich nur das Herzogtum Trient.

Der Gebiete im Norden an Inn, Rienz und Eisack hatte sich bereits das Herzogtum Bayern bemächtigt. Im Osten besiedelten die Slawen den Raum an Drau und Isel. Zeitweise stießen diese sogar bis Brixen vor.

Die eigentliche Urbevölkerung Tirols, die Vorfahren der Ladiner, wurde mehr und mehr in die Seitentäler abgedrängt. Nach einigen kriegerischen Auseinandersetzungen gestaltete sich das enge Zusammenleben der verschiedensten Volksstämme, der Rätoromanen, der Slawen, Langobarden und der Bajuwaren aber recht problemlos. Es kam zu keinen größeren Streitigkeiten mehr.

771 löste Karl der Große in Übereinstimmung mit dem Papst Hadrian die Ehe des Langobardenkönigs Desiderius mit seiner Frau Desiderata auf. Als sich Desiderius am fränkisch-päpstlichen Bündnis rächen und zugleich sein Herrschaftsgebiet ausdehnen wollte, indem er den Kirchenstaat angriff, rief Papst Hadrian I. Karl den Großen zu Hilfe. Der Langobardenkönig wurde besiegt und in ein fränkisches Kloster verbannt. Sein Reich wurde 774 dem fränkischen Königreich unterstellt.

Da der Einfluß der bayerischen Herzöge immer geringer wurde, konnte Karl der Große 788 seinem Königreich auch das Herzogtum Bayern einverleiben. Als Karl der Große später zum Kaiser gekrönt wurde, teilte er das Gebiet des heutigen Tirol in viele kleine Grafschaften auf. Das Land war danach noch stärker zersplittert und spielte fortan in der europäischen Geschichte nur noch eine untergeordnete Rolle.

Unter Otto I. wurde im Jahre 962 die Neugründung des Heiligen Römischen Reichs Deutscher Nation angestrebt, Deutschland und Italien wurden dazu zwangsvereinigt.

Danach zogen immer wieder Heerzüge deutscher Kaiser über den Brennerpaß nach Italien. 100 000 Mann und 15 000 Reiter beispielsweise führte Kaiser Friedrich Barbarossa über den Brenner durch Südtirol nach Rom. Tirol gewann so wieder an Bedeutung.

Um die Alpenübergänge zu sichern und die wichtige Nord-Süd-Verbindung des Reiches zu erhalten, sie vor Streitigkeiten der Erbfolge zu verschonen, wurden zu Beginn des 11. Jahrhunderts die Tiroler Grafschaften von Konrad II. und Heinrich II. als Lehen an die Bischöfe von Trient und Brixen übergeben. Die neuen kirchlichen Herren hielten sich jedoch nicht lange an die getroffenen Abmachungen und übertrugen die Macht über die Grafschaften wenig später mehreren Adelsfamilien. Die Grafen von Eppan und Andechs – sie alle stammten aus Baiern – ragten aus diesen Adelsgeschlechtern hervor.

Die Grafen von Tirol waren es dann auch, die sich durch kluge Politik große Verdienste um die Einigung Tirols erwarben. Unter Graf Albert IV. von Tirol (ca. 1185–1253) gelang es erstmals, die Grafschaften Tirols zumindest teilweise zu einen. Durch das Aussterben der Grafengeschlechter von Andechs und Eppan fielen Graf Albert deren Gebiete zu. Zusätzlich erwarb er 1248 die Grafschaften Eppan-Ulten, Unterinntal, Eisacktal und Pustertal, die vorher den Bischöfen gehört hatten, und verfügte somit über den größten Teil des Landes.

Tirol als politische Einheit entstand vergleichsweise spät. Erst Ende des 13. Jahrhunderts wurde das Gebiet der Grafen von Görz-Tirol als »Terra« bezeichnet, womit auch die landesrechtliche Einheit Tirols begrifflich gekennzeichnet wurde. Das politische Zentrum Tirols war damals Südtirol, die Hauptstadt Meran.

Als die Herrschaft Alberts IV. 1253 zu Ende ging, regierte zunächst sein Schwiegersohn Meinhard III. über das Tiroler Reich. Nach dessen Tod im Jahr 1258 herrschten Alberts Söhne Meinhard II. und Albert II. gemeinsam über die Grafschaft Tirol und dehnten ihr Herrschaftsgebiet aus, um es dann 1271 untereinander aufzuteilen. Meinhard II. erwies sich als der Mächtigere. Im Jahr 1295 hatte er Tirol wieder unter sich vereinigt.

Nach Meinhards Tod im selben Jahr leiteten seine Söhne Otto, Ludwig und Heinrich gemeinsam die Geschicke des Landes. Heinrich überlebte seine Brüder und versuchte, das Land alleine zu führen. Doch es gelang ihm nicht, den wirtschaftlichen und politischen Niedergang Tirols zu verhindern.

Heinrich starb im Jahr 1335. Der Ehemann seiner Erbtochter Margarete Maultasch, Johann Heinrich von Luxemburg, übernahm fortan das Ruder. Nach dem Regierungswechsel durch die zweite Heirat von Margarete Maultasch mit dem Wittelsbacher Ludwig von Brandenburg bestätigte dieser im Großen Freiheitsbrief von 1342 die Freiheit Tirols. Sein Nachfolger Meinhard III. starb 1363 schon kurz nach Regierungsbeginn. Mit seinem Tod erlosch das Geschlecht Tirol-Görz.

Nach dem Aussterben der Tiroler Grafen übergab Margarete Maultasch die Herrschaft über Tirol an das Haus Habsburg, namentlich an Rudolf IV.

Bayern, das zunächst Erbansprüche angemeldet hatte, verzichtete im Frieden von Schärding formell auf Tirol.

Zwischen 1363 und 1490 stellte Habsburg sechs Tiroler Landesfürsten:

* Rudolf IV. (1363–1365), der nur 26 Jahre alt wurde. Er errichtete in seiner kurzen, aber erfolgreichen Amtszeit die Universität Wien und begann den Bau des Wiener Stephansdoms, in dem er heute begraben liegt.

* Rudolfs Brüder Albrecht III. und Leopold III., die nach ihm zunächst gemeinsam regierten, dann aber ihr Herrschaftsgebiet untereinander teilten. Beide regierten besonnen über Tirol und mehrten Österreichs Macht. Da sich die Stadt Triest Leopold III. unterstellte, besaß Österreich nun einen Mittelmeerhafen, den es 500 Jahre lang behalten sollte. Nach dem Tod Leopolds im Jahr 1386 übernahm Albrecht für neun Jahre die alleinige Herrschaft über das gesamte Gebiet.

* Albrechts Nachfolger, Herzog Leopold IV. (1396–1406), konnte die Macht der Habsburger vor allem durch seine Heirat mit Katharina von Burgund noch ausweiten.

* Friedrich IV. (1406–1439), legte sich mit Adel und Papst an, wurde in Acht und Bann getan. Daneben hatte er Aufstände des Adels zu überstehen, was seinen Einfluß jedoch nicht schmälerte, da er Bauern und Bürger Tirols auf seiner Seite wußte. In die Herrschaft Friedrich IV. fiel die Einrichtung des ersten Landtags von Tirol in Meran (1423) und die Verbriefung der Rechte von Bauern und Bürgern. 1420 verlegte Friedrich den Regierungssitz von Meran nach Innsbruck.

* Herzog Sigmund (1439–1490), der 1449 den ›Taler‹ einführte, wurde durch seine Reform des Geldwesens europaweit bekannt, die ihm schließlich den Beinamen »Der Münzreiche« einbrachte. Nach 1450 sorgte eine Auseinandersetzung zwischen Sigmund und dem Bischof von Brixen über einen kirchlichen Prinzipienstreit zwischen dem Bischof und einer Äbtissin für bürgerkriegsähnliche Zustände. 1464 starben der Bischof

und der Papst, so daß der Streit durch kaiserlichen Schiedsspruch beigelegt werden konnte. Auf den Druck der Stände mußte aber Sigmund 1490 zugunsten Maximilians (1490 bis 1519) zurücktreten.

Die Eingliederung ins Habsburgerreich belebte Tirols Kultur und Handel, brachte es aber auch mit sich, daß Tirol weiter politisch fremdbestimmt war. Kaiser Maximilian leistete einen großen Beitrag zum Aufschwung des Landes. Er modernisierte die Verwaltung und führte das Land zu einer nie gekannten Blüte. Nach dem Tode Kaiser Friedrichs III. im Jahr 1493 war Maximilian alleiniger Herrscher im Hause Habsburg. 1511 erließ er das ›Landlibell‹, eine Wehrordnung, die in ihren Grundzügen bis zum Ersten Weltkrieg Geltung behielt und Tirols Wehrwesen große Eigenständigkeit verlieh.

1519 starb Maximilian im Alter von 60 Jahren. Sein Nachfolger wurde sein Enkel Karl V.

Im ausgehenden Mittelalter wurde der Handel zwischen Deutschland und Italien zu einer wichtigen Einnahmequelle für Tirol. Schon damals war der Brenner der meistbefahrene Alpenpaß. Tirol erlebte auch durch seine Bodenschätze wie Kupfer, Silber, Eisen, Bleierze und Salz einen großen Aufschwung, zu einem großen Teil jedoch zugunsten fremder Kaufleute und Unternehmer. Bauern und städtische Handwerker jedoch gewannen an Eigenständigkeit. Nach 1490 wurde Tirol so wieder zur Drehscheibe europäischer Politik.

Doch auf die Blütejahre folgten Jahre der Ernüchterung. Auch deshalb, weil Luthers Thesen in Tirol zunächst großen Anklang fanden. Der Gedanke der Reformation wurde durch Flugblätter und Bücher in die abgeschiedensten Winkel Tirols getragen. Das Ansehen der Kirche war angeschlagen, eine Zeit großer Unruhen begann. Dem wirtschaftlichen Aufschwung des Adels stand das neue Selbstbewußtsein der Untertanen gegenüber. Die sozialen und politischen Spannungen mündeten schließlich in den Bauernkrieg. Er griff 1525 von Süddeutschland aus auch auf Tirol über. In Brixen erhoben sich bewaffnete Bauern und Anhänger aus dem Bürgertum. Ihre Forderungen schrieben sie in den ›64 Meraner Artikeln‹ fest. Führer der Südtiroler Bauern war Michael Gaismair. Sein Plan, die Errichtung einer Bauernrepublik, wurde aber nicht verwirklicht. Der Aufstand wurde niedergeschlagen. Ferdinand I. (1522–1564), der nach seinem Bruder Karl V. (1519–1522) regierte, ließ die Rädelsführer verhaften. Gaismair flüchtete zunächst in die Schweiz, wurde jedoch 1532 in Padua ermordet. Auch die Reformation konnte sich nicht durchsetzen, die Habsburger Herrscher blieben dem katholischen Glauben treu.

Ferdinand teilte Österreich 1564 unter seine drei Söhne auf. Herrscher über Tirol wurde Ferdinand II. (1564–1595). Damit war die Identität von Habsburgerkaiser und Herrscher über Tirol vorläufig aufgehoben.

Der überraschende Tod des letzten Tiroler Landesfürsten aus der Habsburgerdynastie, Sigmund Franz, leitete im Jahre 1665 ein neues Kapitel in der Geschichte des Landes ein. Die Regierungsgewalt ging nun wieder auf die Kaiser in Wien über, Österreich stieg in der Folgezeit zur Großmacht auf. Für Tirol bedeutete das, daß es immer stärker in den österreichischen Staat eingebunden wurde. Widerstand regte sich, insbesondere gegen die ›pragmatische Sanktion‹ von 1713, die ein eigenes Tiroler Fürstenhaus ausschloß. Weitere Streitpunkte waren das Wehrwesen, die Steuerhoheit und die Gerichtshoheit der Tiroler.

Wieder war eine wirtschaftliche Blütezeit vorüber. Die großen europäischen Handelswege hatten sich in den Norden des Reiches verlagert, das Tiroler Kupfer- und Silbermonopol war durch die Konkurrenz aus Übersee kein Monopol mehr, der noch durchziehende Handel fiel kaum ins Gewicht. Tirol, das jahrhundertelang von Kämpfen verschont geblieben, sogar vom Dreißigjährigen Krieg kaum betroffen war, wurde durch den spanischen Erbfolgekrieg doch noch in Mitleidenschaft gezogen. 1703 besetzten die Bayern das Inntal bis Landeck. Noch im selben Jahr konnten die Landesschützen sie jedoch wieder vertreiben.

Damals regierte Leopold I. (1665–1705). Er gründete 1669 die Innsbrucker Jesuitenuniversität, an der später die Führungsschicht des Landes ausgebildet wurde. Ihm folgten Joseph I. (1705–1711) und Karl VI. (1711–1740), der Urheber der ›Pragmatischen Sanktion‹. Sein Hauptziel war es, die Einheit des Habsburgerreichs und die Thronfolge seiner Tochter Maria Theresia zu sichern.

1740 ging die Regierungsgewalt in Österreich auf Maria Theresia über. Vierzig Jahre lang leitete sie die Geschicke des Habsburger Weltreiches. Ihre Regierungszeit ist in der Landesgeschichte durch Reformen, vor allem im Bereich der Verwaltung, gekennzeichnet. Sie entmachtete die Stände mehr und mehr, unterstellte die fünf Tiroler Kreise einer Zentralverwaltung in Innsbruck, die aus Wien Befehle empfing. Daneben führte die Kaiserin eine umfangreiche Steuerreform durch, ordnete 1774 die allgemeine Schulpflicht an und sorgte für die Privatisierung landwirtschaftlicher Weiden oder die Gründung von Fabriken. Die Wirtschaft erlebte erneut einen Aufschwung, jedoch war diesmal die Landwirtschaft die Haupterwerbsquelle.

Joseph II., eine bedeutende Persönlichkeit, der 1780 von seiner Mutter die Herrschaft übernahm und sie zehn Jahre innehatte, versuchte sich ebenfalls an Reformen, hatte dabei jedoch keine glückliche Hand. Der Kaiser hob Klöster auf und griff auch anderweitig unüberlegt in gefestigte kirchliche Herrschaftsbereiche ein. Seinem Volke waren solche in der Aufklärung verwurzelte Pläne aber nicht nahezubringen. Als Josephs Regierungszeit zu Ende ging, herrschte eine gefährliche Unruhe im Land.

Nach seinem frühen Tod wurde die allgemeine Wehrpflicht, die er eingeführt hatte, von seinem Nachfolger Leopold II. (1790–1792) wieder abgeschafft. Auch andere Neuerungen machte Leopold rückgängig, so daß sich bald die konservativen Bevölkerungsschichten bestätigt sahen.

Dennoch waren geistige Einflüsse, vor allem der Französischen Revolution, auch in Tirol spürbar. Insbesondere galt das für die Hochschulen, unter diesen vor allem für die Universität Innsbruck, die große Gelehrte hervorbrachte.

Langfristig betrachtet blieb Tirol von der Aufklärung jedoch wenig berührt. Das Wissen um die Revolution in Frankreich verstärkte im Gegenteil die Bindung an Kirche und Monarchen, denn aufgrund einer insgesamt antifranzösischen Stimmung waren die Ideale der Franzosen in Tirol verzerrt wiedergegeben worden. Man glaubte, daß in Paris vor allem religionsfeindliche, machtgierige Menschen an der Macht waren.

Dennoch hatte die Französische Revolution Europa verändert. Österreich und mit ihm Tirol sah sich schweren Zerreißproben ausgesetzt. Frankreich blies zum Sturm auf die konservativen Regierungssysteme des ganzen Kontinents. In Tirol fielen im Jahr 1796, während des Ersten Koalitionskrieges, französische Truppen in Tirol ein, wurden aber ein Jahr später wieder zurückgedrängt. Doch schon 1799 besetzte Frankreich erneut einen Teil des Landes – diesmal für längere Zeit.

1803 wurden die bis dahin eigenständigen bischöflichen Fürstentümer Trient und Brixen endgültig aufgehoben und dem Land Tirol einverleibt.

Der Dritte Koalitionskrieg (1805) endete mit der Niederlage Österreichs und seiner Verbündeten in Austerlitz. Im Frieden von Preßburg diktierte Napoleon 1806 seine Friedensbedingungen: Venedig ging an Italien, Tirol und Vorarlberg an das mit Frankreich verbündete Bayern. Die Tiroler duldeten dies zunächst, wenn auch widerwillig. Der Unmut wuchs jedoch, als der bayerische Regent klarmachte, daß er Tiroler Eigenleben und gar Freiheitsrechte nicht dulden wolle. Tirol wurde als ›Südbayern‹ bezeichnet. Viele Maßnahmen erinnerten sehr an die überwunden geglaubten Reformen Josephs II. Eingriffe in religiöse Bräuche und Sitten mußten von der Tiroler Bevölkerung hingenommen werden. Wirtschaftliche Probleme und Zwangsrekrutierungen durch die neuen Herrscher blieben nicht aus.

Im Jahr 1809 nahm Österreich den Kampf gegen Napoleon wieder auf. In Absprache mit Österreich begann schließlich auch Tirol, sich gegen die ungeliebte Fremdherrschaft der Bayern zur Wehr zu setzen und den erneuten Anschluß an Österreich anzustreben. Zum Anführer der Tiroler Bauern schwang sich der Passeirer ›Sandwirt‹ Andreas Hofer (1767–1810) auf. Das totgesagte Tiroler Wehrwesen, das unter Maria Theresia und Joseph II. einem gesamtstaatlichen Verteidigungsplan hatte weichen müssen, lebte in den Kriegen gegen Napoleon wieder auf. Hofers Kämpfer verbuchten zu Beginn des Krieges große Er-

*Andreas Hofer in einer Darstellung des* Neuen Appenzeller Kalenders *von 1842*

folge, etwa bei den drei Schlachten am Berg Isel, bei denen es den Tirolern mehrmals gelang, Innsbruck einzunehmen. Im August 1809 übernahm Hofer sogar im Namen des österreichischen Kaisers die Regierung in Innsbruck.

Diese Erfolge waren um so überraschender, als Tirol keine ausgebildeten Truppen besaß und den Berufsheeren der Bayern und Franzosen weit unterlegen schien. Doch Hofer vermochte es, das nicht organisierte Tiroler Heer zusammenzuschmieden, obwohl die Kämpfe in Tirol langfristig gegen den übermächtigen Gegner aussichtslos und für den gesamten Kriegsverlauf kaum bedeutend waren.

Die entscheidenden Schlachten des Krieges fanden jedoch nicht in Tirol statt, und die Franzosen konnten den Krieg für sich entscheiden. Im Frieden von Schönbrunn, geschlossen im Oktober 1809, wurde die österreichische Niederlage besiegelt. Österreich mußte erneut auf Tirol verzichten. Die Tiroler kämpften weiter, wurden aber von der Übermacht der 50000 französischen Soldaten am Berg Isel endgültig besiegt. Andreas Hofer wurde verraten und von den Franzosen gefangengenommen. Sie brachten ihn nach Mantua, wo er am 20. Februar 1810 erschossen wurde.

Tirol wurde nun dreigeteilt. Das nördliche Tirol bis Meran und Brixen fiel wieder an Bayern, der südliche Teil ab Bozen ging an das Königreich Italien, ein Teil des Pustertals an die Illyrischen Provinzen Frankreichs.

Vor allem wirtschaftlich sah sich das Land dadurch vor erhebliche Probleme gestellt. Die neuen Grenzen erschwerten den Handel, zudem litt Tirol stark unter Napoleons Vorherrschaftsstreben, das durch hohe Steuern und den Zwang zum Abstellen von Soldaten spürbar war. Bayerns Herrschaft war hingegen gemäßigter, nicht zuletzt aufgrund der Erfahrungen aus der Zeit vor 1809.

Napoleons Niederlage in Rußland im Jahr 1812 leitete dann auch für Tirol die Befreiung von französischer Herrschaft ein. Nach dem Sturz Napoleons wurden in Europa die Grenzen wieder einmal anders gezogen: auf dem Wiener Kongreß von 1815 fiel ganz Tirol wieder an Österreich, ebenso Venetien und die

Lombardei. Damit stellte der Kongreß auch hier wie in weiten Teilen Europas die Grenzen von 1792 wieder her.

Trotz der niederschmetternden Erfahrungen der Freiheitskriege hatte der Kampf der Tiroler das Zusammengehörigkeitsgefühl gestärkt. Tirol hatte seine Eigenständigkeit bewiesen und sich dabei auch von Sprachgrenzen nicht beirren lassen. Auseinandersetzungen gab es erst mit dem erwachenden, vor allem dem italienischen Nationalismus und der Forderung nach unabhängigen Nationalstaaten. So wurde 1848 der italienisch sprechende Teil Tirols als ›Welschtirol‹ bezeichnet und seine Eingliederung in die revolutionäre Lombardei gefordert. Auch der deutsch sprechende Teil Tirols forderte im Zeichen der schwarz-rot-goldenen Fahne nationale Einheit.

Österreich verlor 1859 die Lombardei wieder an das Königreich Sardinien und mußte 1866 Venetien an das fünf Jahre zuvor gebildete Königreich Italien abtreten. Durch die Auflösung des Deutschen Bundes im selben Jahr verlor Österreich den Rückhalt in Deutschland. Die italienische Nationalbewegung forderte eine Grenze bei Salurn, einige ihrer Vorkämpfer wollten sogar damals schon die Brennergrenze zugesichert haben.

Der große politische Umbruch im 19. Jahrhundert ging auch an Tirol nicht spurlos vorüber. Liberalismus und Nationalismus prägten die Mitte des vorigen Jahrhunderts. 1848 gab es auch in Welschtirol Aufstände. Zwei Parteien entstanden, die Liberalen und die Konservativen. Die Trentiner Abgeordneten boykottierten den Tiroler Landtag. In der Frankfurter Nationalversammlung und im Wiener Reichsrat forderten sie immer wieder die Ausgliederung Trients und Roveretos und deren Anschluß an die Lombardei. Der Tiroler Landtag beschloß eine neue Landesverfassung, die Wien jedoch nicht genehmigte. 1849 siegte das Militär über die Revolution und beendete zunächst das parlamentarische Zwischenspiel. Der Landtag wurde aufgelöst, der Absolutismus kehrte zurück. Seine Zeit endete erst mit Österreichs Niederlage gegen Piemont-Sardinien und Frankreich im Jahre 1859. Das Habsburgerreich erhielt 1860/61 eine Verfassung, mit ersten Landesordnungen begann auch in Tirol – diesmal dauerhafter – parlamentarisches Leben.

Im Tiroler Landtag wehrte sich die konservative Mehrheit immer häufiger gegen die Wiener Zentralregierung. Denn Wien wurde nun von liberalen Kräften regiert, die zahlreiche Reformen durchsetzten (Bildung protestantischer Gemeinden in Tirol 1875, direkte Reichstagswahlen 1873, staatliche Schulaufsicht 1869). Die Konservativen verließen in diesem 20 Jahre währenden ›Kulturkampf‹ mehrmals den Landtag, boykottierten Sitzungen und erklärten sich mit den Entscheidungen der Wiener Politiker nicht einverstanden. Daher konnten sich die liberalen Abgeordneten mit ihrer Unterstützung für Wien zunächst nicht durchsetzen. Erst von 1890 an öffnete sich das Land nach außen, neue politische Parteien entstanden (Sozialdemokraten, Sozialisten, Christsoziale Partito Populare, Deutschnationale Landespartei).

Die Diskussionen um die Forderung Italiens nach Angliederung ›Welschtirols‹ nahmen zu. Österreich wollte es jedoch nicht in die Autonomie entlassen. Der Erste Weltkrieg entschied dann schließlich das weitere Schicksal des Landes.

Die meisten Tiroler Regimenter erlebten ihn an der russischen und serbischen Front. Italien dagegen behielt zunächst seine Neutralität. Erst im Mai 1915, nach Geheimverhandlungen mit den Alliierten in London, bei denen Italien die Brennergrenze zugesichert wurde, erklärte Italien Österreich-Ungarn den Krieg. Tirol leistete den Italienern jedoch erbitterten Widerstand. 1917 gelang es den österreichischen und Tiroler Truppen sogar, bis an die Piave vorzustoßen. Die Front verlief am Ende des Krieges etwa vom Ortlermassiv über den Gardasee, Asiago, Marmolata bis zum Kreuzberg. Doch der Kampf mußte teuer bezahlt werden: allein über 30000 Tiroler blieben auf den Schlachtfeldern zurück. Am 8. Januar 1918 verkündete der US-Präsident Wilson seinen 14-Punkte-Plan. Einer der Punkte sah vor, Südtirol an Österreich zu geben und die Grenzen gemäß der sprachlichen Gegebenheiten zu ziehen. Auf diesen Plan richteten die Tiroler ihre Hoffnungen. Im Februar 1919 riefen die Deutsch-Tiroler und ladinischen Gemeinden Wilson auf, sie zu unterstützen und bei Österreich zu belassen. Der Friedensvertrag von St. Germain, der am 10. September 1919 geschlossen wurde, widersprach jedoch gerade diesem Plan: Südtirol wurde dem Staat Italien zugesprochen. Am 10. Oktober 1920 vollzogen die Italiener die Aneignung des deutschen und ladinischen Südtirol.

Den Anliegen der Tiroler wurde damit zuwidergehandelt. Die neue Grenze trennte einen Jahrtausende alten, gewachsenen Kulturraum. Den Bewohnern Südtirols war das Selbstbestimmungsrecht verwehrt worden.

In der Folgezeit bemühten sich die Abgeordneten Südtirols in Rom um weitgehende Autonomie, scheiterten jedoch am Widerstand nationalistischer Kreise, deren Wortführer Ettore Tolomei war. Zu dieser Zeit lebten in Südtirol laut einer Volkszählung von 1921 223 000 Deutsche und 20 000 Italiener.

Eine schwere Zeit für die deutschsprachige Bevölkerung Südtirols begann im Jahr 1922. Die faschistische Machtübernahme in Rom durch Mussolini war der Beginn einer rücksichtslosen Italienisierungspolitik: ›Assimilierung‹, also Angleichen, hieß das Programm. Ettore Tolomei, unter Mussolini Senator auf Lebenszeit, war sein geistiger Vater.

Im einzelnen bedeutete dies Maßnahmen wie das Verbot deutschen Sprachunterrichts oder gar die Zerstörung deutscher Inschriften an Gräbern und Denkmälern, Italienisierung von Ortsnamen, Verbot deutscher Zeitungen, Schließung deutscher Schulen. Sogar die Familiennamen sollten ins Italienische übertragen werden. Im Januar 1923 wurden Südtirol und das Trentino zur ›Venezia Tridentina‹ vereinigt. Als sich der gewünschte Erfolg, die Angleichung und Unterwerfung der deutschsprachigen Tiroler, nicht einstellen wollte, wurde in den dreißiger Jahren die Zuwanderung von Italienern aus dem Süden gefördert. Bozen sollte laut Tolomei damals schon eine Stadt mit 100 000 Einwohnern werden mit dem Ziel, die deutschsprachige Bevölkerung zur Minderheit werden zu lassen.

Das bei der Republik Österreich verbliebene ›Rest-Tirol‹ mußte im Norden dem Druck Deutschlands und im Süden dem Italiens standhalten und entschied sich schon 1921 in einer Volksabstimmung für den Anschluß an das Deutsche Reich, wenngleich dieser damals nicht vollzogen werden konnte. Franz

Stumpf war von 1922 bis 1934 Tiroler Landeshauptmann, gestützt von einer breiten Mehrheit der Tiroler Volkspartei.

Die Regierung Tirols sah damals in den Sozialdemokraten eine größere Gefahr als in den Faschisten und wurde so zum Steigbügelhalter des Nationalsozialismus. Zwar verbot Österreich 1933 die NSDAP und ein Jahr später auch die Sozialdemokratische Partei, doch der Nationalsozialismus war nicht mehr aufzuhalten. Im März 1938 zogen unter dem Jubel eines Teils der Bevölkerung Hitlers Truppen ein. 1938 bildete das Bundesland Tirol zusammen mit Vorarlberg den Reichsgau »Tirol-Vorarlberg«, 99 % der Tiroler sprachen sich dafür aus.

Nach dem Anschluß Österreichs hofften viele Südtiroler, daß nun bald auch ihr Südtirol ›heim ins Reich‹ geholt werden würde. Aber Hitler garantierte Mussolini 1938 in Rom die Unantastbarkeit der Brennergrenze. 1939 beschlossen die beiden Führer sogar die Aussiedlung deutschsprachiger Südtiroler. Sie mußten sich entscheiden, ob sie trotz der Unterdrückung bleiben oder ihre Heimat verlassen wollten. Bei einer Abstimmung entschieden sich 86 Prozent für eine Abwanderung. Nur etwa 30 Prozent wanderten dann wirklich aus, meist nach Nordtirol und Vorarlberg. Danach kam die Umsiedlung wegen des beginnenden Krieges zum Erliegen.

Während des Krieges wurde Südtirol vor allem durch die Luftangriffe stark in Mitleidenschaft gezogen. Im September 1943 marschierten deutsche Truppen ein, da Italien nach dem Sturz Mussolinis mit den Alliierten einen Waffenstillstand geschlossen hatte.

Die Deutschen wurden zunächst als Befreier gefeiert. Doch schon bald wich die anfängliche überschwengliche Freude der Ernüchterung. Mussolini gründete mit Unterstützung Hitlers die »Republica di Salo«. Die Opposition in Südtirol wurde verfolgt, alle wehrdienstfähigen Südtiroler zu deutschen Verbänden eingezogen. Wer sich weigerte, wurde erschossen. 20 000 Tiroler fielen im Zweiten Weltkrieg.

Am 28. April 1945 kapitulierten die deutschen Streitkräfte in Italien, vom 2. Mai 1945 an besetzten amerikanische Truppen Tirol: die Südtiroler erwarteten die Wiedervereinigung.

Am 8. Mai 1945 wurde in Bozen die Südtiroler Volkspartei (SVP) gegründet, eine Partei, die auf den antifaschistischen Widerstand zurückgeht. Die Südtiroler hofften auf Wiedergutmachung des ihnen zugefügten Unrechts. In Botschaften an die Alliierten und bei großangelegten Kundgebungen sowie durch Unterschriftenlisten forderten sie das Selbstbestimmungsrecht und die Rückgabe Südtirols an Österreich. Sie wußten dabei um die Unterstützung durch einige prominente Italiener, die schon 1944 in den USA das ›Italienische Manifest‹ unterzeichnet hatten. In diesem Schriftstück wurde ein Verzicht Italiens auf deutsch besiedelte Gebiete angeregt. Auch Österreich verlangte die Eingliederung Südtirols in sein Staatsgebiet. Aber die italienische Regierung setzte sich durch. Die Entscheidung fiel schon im September 1945: Auf der Londoner Konferenz wurde der Brenner als Nordgrenze Italiens bestätigt.

Offiziell entschied sich das Schicksal des Landes, wie schon 1919, in Paris. Italien, vertreten durch seinen Ministerpräsidenten Alcide Degasperi, und Österreich, das seinen Außenminister Karl Gruber gesandt hatte, schlossen am 5. September 1946 den ›Gruber-de-Gasperi-Vertrag‹, der dem Friedensvertrag zwischen den Alliierten und Italien angehängt wurde. Das Abkommen gestand den Südtirolern eine beschränkte Unabhängigkeit innerhalb Italiens zu. Darauf gründen noch heute die Forderungen der Südtiroler an den italienischen Staat sowie die Berechtigung Österreichs, sich für seine Minderheit in Südtirol einzusetzen. Der Vertrag wurde in der Folgezeit insbesondere wegen des sehr allgemein gehaltenen Wortlautes von beiden Seiten unterschiedlich ausgelegt.

Seit am 1. Januar 1948 die italienische Verfassung in Kraft trat, bildet Südtirol zusammen mit der bevölkerungsstarken italienischen Provinz Trient die Region ›Trentino – Tiroler Etschland‹. Durch die Zusammenlegung beider Provinzen wurden die deutschsprachigen Südtiroler zu einer Minderheit in der Region, was in Südtirol große Proteste auslöste. Das erste Autonomiestatut für Südtirol vom 29. Januar 1948, von der Regierung in Rom beschlossen, traf auf den Widerstand der Südtiroler Volkspartei und konnte nicht durchgesetzt werden. Bei den ersten Regionalratswahlen im November 1948 erhielt die SVP in Südtirol 67,6 Prozent der Stimmen.

In den 50er und 60er Jahren setzten sich die Auseinandersetzungen zwischen der südtiroler und der italienischen Regierung fort, die Autonomiefrage war ein ständiger Streitpunkt. Südtirol verlangte volle Eigenständigkeit, Italien behauptete, es habe dieselbe im Sinne des Pariser Vertrages bereits hergestellt. Andererseits förderte Rom die Zuwanderung von Italienern nach Südtirol. Im Land selbst wurde der Widerstand verschiedener Gruppen immer unerbittlicher, es kam zu Sprengstoffanschlägen, Verhaftungen waren an der Tagesordnung. Während einer Großkundgebung der Südtiroler Volkspartei auf Schloß Sigmundskron forderte der neue Parteiobmann Silvius Magnago 1957 ›Los von Trient!‹, also das Errichten einer eigenständigen Region Südtirol.

1959 kündigte die SVP die Zusammenarbeit mit der im Lande regierenden Democrazia Christiana auf.

Sogar die UNO befaßte sich auf Antrag des damaligen österreichischen Außenministers Bruno Kreisky mit dem Problem und forderte 1960 durch Beschluß der Vollversammlung Konferenzen zwischen Italien und Österreich.

1961 erschütterte erneut eine Welle von Sprengstoffanschlägen das Land. Verhaftungen und hohe Strafen der italienischen Gerichte für die Täter aus den Reihen der deutschsprachigen Südtiroler waren die Folge. Die Entfremdung der beiden Gruppen wurde immer größer. In italienischen Gefängnissen kamen Südtiroler Häftlinge unter ungeklärten Umständen ums Leben; in einem Trienter Prozeß wurden 10 Polizeibeamte freigesprochen, die unter dem Verdacht standen, politische Gefangene mißhandelt zu haben.

1961 setzte Italiens Innenminister Mario Scelba die ›Neunzehnerkommission‹ ein, die die Probleme erörtern sollte. 1964 fanden, aufgrund der Ergebnisse der Kommission, zahlreiche Konferenzen und Geheimkontakte zwischen Wien, Bozen und Rom statt. Teilnehmer waren u. a. Italiens Ministerpräsident Aldo Moro, der Sozialdemokrat Guiseppe Saragat, aber auch Österreichs Bruno Kreisky und der Südtiroler Landeshauptmann Silvius Magnago. Italiens Zugeständnisse wurden 1969 im ›Südtirolpaket‹ zusammengefaßt, das erst nach langen und erbittert geführten Diskussionen auch von der SVP im November 1969 mit knapper Mehrheit angenommen wurde.

1972 trat das zweite Autonomiestatut in Kraft. Die Region Trentino-Südtirol wurde beibehalten, aber die Provinz Bozen erhielt umfassende Rechte. Erst dieses Statut erfüllte – laut SVP und der Regierung Österreichs – den Pariser Vertrag. Italien aber bestand weiterhin darauf, daß dieser bereits durch das Statut von 1948 erfüllt worden war.

Südtirol hatte, zumindest auf dem Papier, seine Eigenständigkeit. Die Einhaltung des Gesetzes erwies sich jedoch schwieriger als zunächst erwartet. Noch heute sind wichtige Durchführungsbestimmungen nicht ratifiziert. Nach Ansicht vieler deutschsprachiger Südtiroler ist dieses Autonomiestatut zudem kein Ersatz für ein echtes Selbstbestimmungsrecht.

Heute gliedert sich Tirol in Nordtirol (österreichisch) und Südtirol. Seit 1970 treffen sich die Landtage von Tirol und Südtirol zu gemeinsamen Sitzungen, um die geistig-kulturelle Einheit zu pflegen. Einem ähnlichen Ziel dient die 1972 gegründete Arbeitsgemeinschaft »Arge Alp« (Mitglieder: Vorarlberg, Salzburg, Bayern, Tirol, Trentino, Lombardei, Graubünden, St. Gallen, Südtirol).

In den 60er Jahren erlebte das Bundesland Tirol einen wirtschaftlichen Aufschwung. Verkehrsnetze wurden in aufsehenerregender Weise ausgebaut (Europabrücke, Arlbergtunnel), Kraftwerke errichtet, der Fremdenverkehr nahm erheblich zu.

Südtirol hatte aufgrund der politischen Probleme größere Schwierigkeiten mit dem wirtschaftlichen Neuaufbau als das österreichische Tirol. Handel und Fremdenverkehr, wie auch Obst- und Weinbau blühten aber auch hier recht bald auf. Viele klein- und mittelständische Betriebe siedelten sich an. Das Handwerk hat in Tirol ohnehin einen hervorragenden Ruf. Der Anteil der in der Landwirtschaft Beschäftigten ist in den letzten Jahren stark zurückgegangen, jener der Industriearbeiter und der Dienstleistenden aber gestiegen.

Die Zuwanderung italienischer Bürger nach Südtirol hielt bis

Mitte der 60er Jahre unvermindert an. Dennoch sind immer noch rund 63 % der Bevölkerung Südtirols deutschsprachig. Das heutige Südtirol ist identisch mit der Provinz Bozen und nur noch ein kläglicher Rest des ehemaligen Landes. Seine wachsende Eigenständigkeit ist erkennbar. In Ansätzen besitzt Südtirol bei der Verwaltung, der Wirtschaft und der Kultur ein größeres Selbstbestimmungsrecht als noch vor wenigen Jahren. Die Regierung in Rom leitete zahlreiche Maßnahmen ein, die zum Wohl aller drei Sprachgruppen in Südtirol beigetragen haben. Drei deshalb, weil es neben der italienischen und der deutschen auch noch die der Ladiner in Südtirol gibt, insbesondere im Gebiet um Gröden, Gadertal, Fassa (Provinz Trient), Buchenstein und Ampezzo (Provinz Belluno) gibt. Den Ladinern gelang es, ihre Sprache und Kultur zu erhalten, weil sie sich seit jeher allen fremden Einflüssen widersetzten, die die Einwanderung unterschiedlichster Volksstämme nach Tirol mit sich gebracht hatte. Ihre dem Rätoromanischen verwandte Sprache ist unter römischer Herrschaft entstanden. Heute leben in Südtirol etwa 18 000 Ladiner, was 4,1 % der Gesamtbevölkerung entspricht, der Anteil der Italiener entspricht rund 33 %. Die politische Position der Ladiner ist entsprechend schwach. Das ist u. a. daran abzulesen, daß sie im Pariser Vertrag nicht einmal erwähnt wurden.

Wie es scheint, ist auch der gegenwärtige politische Zustand Südtirols nur eine Übergangslösung. Landeshauptmann Magnago sprach 1986 noch von einem »autonomiefeindlichen Wind aus Rom«, der Tirol ins Gesicht blase. Noch immer gilt Deutsch nicht als offizielle Sprache, viele Verträge u. ä. müssen in italienischer Sprache abgefaßt werden. Zudem werden viele aus Südtirol stammende Landesgesetzentwürfe von Rom abgewiesen. So manches italienische Staatsgesetz schränkt außerdem die im Autonomiestatut von 1972 festgelegten Südtiroler Zuständigkeiten ein. Zwar ist das Streben der Südtiroler nach Unabhängigkeit mittlerweile in vielen Bereichen annähernd befriedigt, aber eben nur annähernd. So ist ein Ende des Auf und Ab der Geschichte Südtirols noch lange nicht abzusehen. Auch wenn man zur Zeit einen leichten ›Aufwind‹ spürt.

☐ Ich möchte der *Stillen Hilfe für Südtirol e.V.* helfen und spende den Betrag von .............. DM/ÖS/Lire auf das Konto .............................................. bei der ..............................................

☐ Ich bitte um Aufnahme in die Mitgliederkartei und um Zusendung von Unterlagen:

..............................................
(Vorname, Name)

..............................................
(Straße)

(..............) ..............................................
(Postleitzahl) (Stadt/Gemeinde)

..............................................
(Datum) (Unterschrift)

Postkarte

Bitte ausreichend frankieren

**An die**
**Stille Hilfe für Südtirol e.V.**
**Sonnentaustraße 24**
**D-8000 München 50**

**Spendenkonten der »Stillen Hilfe für Südtirol e. V.«**

Postscheckkonten:

München Nr. 158600-801 (BLZ 70010080)
Ludwigshafen Nr. 11-674 (BLZ 54510067)

Bankkonten:

Bayer. Vereinsbank München, Konto-Nr. 101000 (BLZ 70020270)
Dresdner Bank München, Konto-Nr. 6011421 (BLZ 70080000)
Westdeutsche Landesbank-Girozentrale, Konto-Nr. 3096013 (BLZ 30050000)
Sparkasse Lüdenscheid, Konto-Nr. 4000766 (BLZ 45850005)
Landesgirokasse Stuttgart, Giro-Konto 1271539 (BLZ 60050101)
Hypo-Bank München-Fm 3710006007 (BLZ 70020001)
Bankhaus Aufhäuser, München, Konto-Nr. 374601 (BLZ 70030600)
Liga Spar- und Kreditgenossenschaft München, Konto-Nr. 2149508 (BLZ 70090300)
Commerzbank München, Konto-Nr. 1502525 (BLZ 70040041)

Bankverbindung **nur** für Spender in Südtirol:

Raiffeisen-Zentralkasse Bozen, K.K. 22519/3
Südtiroler Landessparkasse Nr. 1-494300

Bankverbindung **nur** für Spender in Österreich:

Bank für Oberösterreich und Salzburg, Zweigstelle Salzburg, Konto-Nr. 114-8238/00

**Sonnentaustraße 24 – 8000 München 50**
**Telefon 089/150 4544**

**Verkehrsamt Eppan**

I-39057 Eppan
Rathausplatz 1
Tel. (04 71) 5 22 06

**Azienda di Sogg. Appiano**

39057 Appiano
Piazza Municipio 1
Tel. (04 71) 5 22 06

MwSt. Nr. 00803770213 Part. IVA
Steuerkodex 80010860213 Cod. Fisc.
Direktwahl aus:
BRD + CH: 0039-471-52206
A: 040-471-52206

EPPAN AN DER SÜDTIROLER WEINSTRASSE läßt grüßen

Datum/Data 15.01.1988

# EPPAN an der Südtiroler Weinstraße

Werter Leser,

die Gemeinde an der Südtiroler Weinstraße liegt 25 km südlich von Meran und 5 km südwestlich von der Landeshauptstadt Bozen.
Im Mittelalter sprach man vom „Adelsparadies Tirols", zumal es in der Gemeinde Eppan nicht weniger als

**22 Burgen und Schlösser**
**60 Adelsansitze und**
**100 architektonisch bemerkenswerte alte Bauernhäuser**

gibt, die von ruhmreicher geschichtlicher Vergangenheit künden.
Vom 4. April bis zum 9. Juli 1988 finden in EPPAN an der Südtiroler Weinstraße Wanderungen mit kostenlosen Führungen kreuz und quer durch das schöne und sehr fruchtbare Gemeindegebiet statt (mit jeder Anzahl von Gästen).
**Fordern Sie das Frühlingssonderangebot 1988 beim Verkehrsamt an!**

**Frühlingsscheckheft 1988**
(vom 1. April bis 21. Juni)

Den Feriengästen, welche bei uns bzw. in 17 weiteren Gemeinden unseres Bezirkes mindestens eine Urlaubswoche verbringen, wird ein **Frühlingsscheckheft** mit vielen Leistungen ausgehändigt.
Erhältlich im **Verkehrsamt Eppan,** und zwar gleich nach dem Ankunftstag.

EPPAN AN DER SÜDTIROLER WEINSTRASSE läßt grüßen

SÜDTIROLER WEINSTRASSE

Auf Ihren Anruf oder Ihr Schreiben freut sich das Verkehrsamt I-39057 **Eppan** an der Südtiroler Weinstraße, Rathausplatz Nr. 1
Tel. 00 39/471/5 22 06

## *Das Tagebuch der Familie Daisenberger*

Ein einzigartiges Dokument bäuerlichen Lebens

Heinz Schelle
**Chronik eines Bauernlebens vor zweihundert Jahren**
160 Seiten mit 20 Abbildungen,
12,5 x 19,5 cm, Leinen

*„Wahrhafte Nachrichten der merkwirdigsten Begebenheiten in dem Daisenbergischen Hause seit dem Jahre 1765".*
So beginnt das Tagebuch der Daisenbergers, einer Bauernfamilie in Oberau bei Garmisch-Partenkirchen. Aus erster Hand – ein historischer Glücksfall – erfahren wir vom Leben und Sterben der Familie, die sich bis 1797 ihre Alltagssorgen von der Seele schrieb.
Auf der Grundlage dieser bewegenden Chronik und der Aufzeichnungen Johann Georg Prändels, eines Knechtes, der fünf Jahre lang auf dem Hof lebte und später zum Professor der Mathematik an der Universität München aufstieg, entwirft Heinz Schelle das lebendige Bild jener Zeit.
Trotz der unerläßlichen Erörterungen grundsätzlicher zeitgeschichtlicher Probleme bewirken die Unmittelbarkeit und Schnörkellosigkeit der Tagebuchaufzeichnungen, daß sich diese Untersuchung wie ein spannender dokumentarischer Roman liest.

**Rosenheimer Verlagshaus**

## *Arm, aber im Paradies*

Erinnerungen an eine glückliche Kindheit

Franziska Hager
**Schulmeisterkinder**
Jugenderinnerungen aus dem Chiemgau.
Mit einem Nachwort von Hans Heyn.
128 Seiten, 12,5 x 19,5 cm, Leinen

Die um 1925 entstandene Selbstbiographie der oberbayerischen Dichterin Franziska Hager (1874–1960) führt den Leser nach Prien am Chiemsee.
Es ist die Geschichte einer glücklichen Kindheit, auch wenn die Familie des Lehrers Hager, unter dessen Tisch neun Paar Kinderfüße steckten, arm war.
Was die dennoch immer humorvolle Chronistin überliefert, ist nur scheinbar lokalgebunden. In Wirklichkeit wäre die Handlung auch anderswo denkbar, denn die Freuden und Leiden der Menschen waren überall die gleichen.

Hier eine Leseprobe:

„Diese unsagbar eindrucksvollen Gemälde waren Farbendrucke, wie sie unter dem Namen Kaffeebildl jeweils um ein Päckchen Franks Zichorienkaffee gewickelt waren. Als sinnfälliger Beweis seiner beispiellosen Qualität. Man nannte diesen Kaffee kurzerhand Packlkaffee.
Der Gang zum Krämer um dieses Küchenjuwel und die schon auf dem Heimwege beginnende nervenaufpeitschende Enthüllungszeremonie des Bildnisses, das in dem fabelhaften Preis von zehn Deutschen Reichspfennigen mit inbegriffen war, gehörte zu den Höhepunkten unserer kindlichen Freuden."

**Rosenheimer Verlagshaus**

© 1988 ISBN 3-475-52568-2

Dieses Buch erscheint in der Reihe »Rosenheimer Raritäten«
im Rosenheimer Verlagshaus Alfred Förg GmbH und Co. KG, Rosenheim.
Gesamtherstellung Clausen & Bosse, Leck. Die Reproduktionen
fertigte Hochland-Repro, Rosenheim.
Den Umschlag entwarf Ulrich Eichberger, Innsbruck. Er verwendete dabei
ein Foto von Giancarlo Gambino, Bozen.
Mit Ausnahme der Bilder von Wieland Simon (auf der Seite 40, oben und unten),
Klaus Gerosa (auf den Seiten 22, 24, 38, 71 und 92) und Matthias Rose
(auf Seite 23) stammen alle Fotos von Udo Bernhardt. Die Abbildungen in dem
Kapitel »Die ›Stille Hilfe‹ hilft still« stammen aus dem Archiv der »Stillen Hilfe
für Südtirol«. Das Kalenderblatt, das Andreas Hofer zeigt (auf Seite 174), wurde
dem Buch »Bilder aus Volkskalendern«, Rosenheimer Verlagshaus 1987
(Bildquellen, herausgegeben vom Schweizerischen Museum für Volkskunde
Basel), entnommen.
Gesamtgestaltung Friderun Thiel, Ismaning.